Volker Ladenthin

Restauration und Rebellion

Zur Rekapitulation zweier Narrative der neueren deutschen Geschichte

KLEINE REIHE

Literatur – Kultur – Sprache

herausgegeben von
Lothar Bluhm

Band 12

Volker Ladenthin

Restauration und Rebellion

Zur Rekapitulation zweier Narrative der neueren deutschen Geschichte

wvt Wissenschaftlicher Verlag Trier

Ladenthin, Volker: Restauration und Rebellion. Zur Rekapitulation zweier Narrative der neueren deutschen Geschichte / Volker Ladenthin. - Trier: WVT Wissenschaftlicher Verlag Trier, 2023
  (Kleine Reihe: Literatur – Kultur – Sprache; 12)
  ISBN 978-3-86821-973-9

Umschlagfoto: Karlheinz Weinberger

Umschlaggestaltung: Brigitta Disseldorf

© WVT Wissenschaftlicher Verlag Trier, 2023
ISBN 978-3-86821-973-9

Alle Rechte vorbehalten
Nachdruck oder Vervielfältigung nur mit
ausdrücklicher Genehmigung des Verlags

WVT Wissenschaftlicher Verlag Trier Bergstraße 27, 54295 Trier
Postfach 4005, 54230 Trier
Tel.: (0651) 41503 / 9943344, Fax: 41504
Internet: http://www.wvttrier.de
E-Mail: wvt@wvttrier.de

Inhalt

Vorwort 1
1. Fünf Worte 1
2. Schimmernde Bilder 2
3. Große Geschichtserzählungen 5
4. Die DNA der deutschen Geschichte 8
5. Bruch oder Kontinuum? 10
6. Einige technische Hinweise 12

Kapitel 1: Das Narrativ der Restauration.
Oder: Hat die ältere Generation geschwiegen? 14

1. Ein Indiz 14
2. Der Bezugstext 15
3. Das Narrativ 16
4. Zur Methode 17
5. Memoiren und Erinnerungen 25
6. Der Blick nach vorn 26
7. Sachbücher 27
8. Die keineswegs *schöne* Belletristik 30
9. Die nicht nur amüsante Unterhaltungsliteratur 33
10. Was in der Luft lag: Blick auf den Schlager 40
11. Kinder- und Jugendliteratur 45
12. Kabarett 47
13. Vergangenheit im Film 48
14. Das Fernsehen als moralische Anstalt 48
15. Die indirekte Rede 49
16. Das komplementäre Narrativ: Die Jugend hört weg 51
17. Die nicht-schweigende Mehrheit 55
18. Das System des Nicht-Schweigens 61

Kapitel 2: Das Narrativ der Rebellion.
  Oder: 1968 – Schöner Schein oder Strukturwandel?............... 63

1. Irritationen 63
2. Die Musikrevolution? 70
   2.1 Das Fortleben der 1950er in den 1960ern 70
   2.2 Die progressive Popmusik? 76
3. Kritische Comics und ihre Gegner 84
4. Der schöne Schein der Neuen Literatur 93
5. Die Ästhetik der Revolution 102
6. Die unpolitische Kunst der Selbstinszenierung 108
7. Mode oder Strukturwandel? 111

Zitierte Literatur 114

Vorwort

Wenn Sie zu jenen Menschen gehören, die ein Buchregal erst nach dem Studieren der Gebrauchsanweisung zusammenbauen, dann werden Sie vielleicht zuerst das Vorwort lesen. Ansonsten könnte man das Vorwort als Nachwort lesen, falls die Bücherwand schief steht.

1. Fünf Worte

> „[…] das Allgemeine durchs Extrem des Besonderen, sein Eigenes auszudrücken […]."
> Theodor W. Adorno, 1966[1]

Im Jahre 1969 rotierten auf den Schallplattentellern der damals üblichen Keller-Partys *longplayer* in knallbuntem Vinyl: *Pop Revolution From the Underground* (CBS SPR 30). Augenscheinlich war es einer Marketing-Abteilung gelungen, in nur fünf Worten das gesamte Narrativ jener Jahre als Verkaufsargument aufs Cover zu drucken: *Aufbegehren gegen das Establishment als psychedelisches Vergnügen.*

Haben wir Partygänger damals bemerkt, dass der doch mit sehr viel Blut behaftete Begriff der *Revolution* hier als Unterhaltung reklamiert wurde? Dass mit dem Ernst der Lage ein Späßchen getrieben wurde? Einige aus unserer Generation hatten das jedenfalls durchaus angemahnt: In ihrem Lied *Revolution*[2] verwiesen die *Beatles* diesen brutalen Spaß deutlich ins Abseitige: „But if you go carrying pictures of Chairman Mao/ You ain't going to make it with anyone anyhow". Die anderen Verse des Songs bestärkten die Absage an eine naive Revolution in Pop: „But when you talk about destruction/ Don't you know that you can count me out". Auch wenn John Lennon in einer Fernsehaufzeichnung zum sichtbaren Ärger von Paul McCartney „in" statt „out" sang: *radical chic* hieß das damals, was Lennon machte. Aber Liebe ging für die *Beatles* nicht mit Revolution einher, ganz im Gegenteil: „But if you want money for people with minds that hate/ All I can tell you is brother you have to wait." Und auch die als rebellisch inszenierten *Rolling Stones* nahmen ihren *Street Fighting Man*, der vorgab, einen König/king ermorden zu wollen –

---

[1] Adorno, Theodor W.: Vorreden der Herausgeber II [1964]. In: Benjamin, Walter: Briefe. Hg. u. mit Anm. vers. v. Gershom Scholem u. Theodor W. Adorno. Bd. I. Frankfurt/M. 1978. S. 14–21. Hier S. 18.

[2] Text nach: The Beatles Songbook I. Das farbige Textbuch der Beatles. Hg. v. Alan Aldridge. Deutsch von Peter Zentner. München 1971. S. 104.

wobei unklar blieb, wen genau er in der damaligen Zeit meinen könnte – fürsorglich aus der Schusslinie und wiesen ihm die Rolle des Kulturschaffenden zu: „But what can a poor boy do/ Except to sing for a rock 'n' roll band/ 'Cause in sleepy London town/ There's just no place for a street fighting man, no."[1]

Haben wir *teens* und *twens* das damals nicht gehört – in einer Zeit, als die neue Popmusik nicht nur von *Piraten*sendern wie *Radio Caroline* und *Wonderful Radio London* vor der englischen Küste, sondern auch in politischen Filmen wie *One plus One* (Regie: Jean-Luc Godard, 1968) oder *Zabriskie Point* (Regie: Michelangelo Antonioni, 1970) als *Marseillaise* eines kommenden Zeitalters gehandelt wurde? *Pop Revolution* – war das als Programm ein Widerspruch in sich selbst? Wie passt *All you need is love* (1967, *Beatles*) zu den Sprengstoff- und Brandanschlägen der sich überall selbst ermächtigenden Stadtguerillas, die mit Gewalt in den westlichen Städten die Gewalt im fernöstlichen Vietnam beenden wollten? Gewalt *und* Liebe gleichzeitig?

2. Schimmernde Bilder

> „Drum haben alle jungen Leute hier im Land,
> ihr eigenes Schicksal in der Hand!"
>
> Conny Froeboes, 1958[2]

> „If the sun refuse to shine
> I don't mind, I don't mind
> If the mountains fell in the sea
> let it be, it ain't me
> Alright, 'cos I got my own world to look through."
>
> Jimi Hendrix, 1967[3]

Gewalt *und* Liebe: Woher kam die Dopplung in der Jugendkultur? Zuvor schon, 1955, hatte ein Filmtitel biblisch mit *Lukas* 23,34 die Antwort zu geben versucht: *Denn sie wissen nicht, was sie tun.* Der Film schilderte einen *Rebel Without a Cause*, wie der US-Film im Original betitelt war. Wie kam es denn zu dieser Rebellion viele Jahre vor der Studentenrebellion? Waren

---

[1] Text nach: Das Rolling Stones Songbuch. 155 Songs. Deutsch von Teja Schwaner, Jörg Fauser und Carl Weissner. Mit 75 Alternativübersetzungen von Helmut Salzinger. Frankfurt/M. 1979. S. 194.

[2] Conny Froeboes: Auch du hast dein Schicksal in der Hand. Electrola E 20 930.

[3] The Jimi Hendrix Experience: If 6 Was 9. Auf: The Jimi Hendrix Experience: Axis: Bold As Love [1967]. Track 612 003. Die Aufnahme findet sich auch auf dem Soundtrack des Kult-Films *Easy Rider* [1969] (ABC Dunhill DSX 50063).

die 68er (also jene zwischen 1938 und 1948 geborenen, akademisch geschulten, politisch aktiven und neue Kommunikations- und Lebensformen erprobenden Twens, anfangs zumeist männlichen Geschlechts) nicht Kinder der 1950er Jahre? Wer hatte diese Bereitschaft zur Gewalt gegen Sachen und schließlich Menschen gesät? Warum konnte im *Staat der Gewalt* (wie die Zeitschrift *Konkret* 1968 titelte) die *Saat der Gewalt* aufgehen, wie 1955 der Film *Blackboard Jungle* fragte? Als Titelmusik dröhnte dabei *Rock Around the Clock* von Bill Haley aus den meist überforderten Kinolautsprechern, und die Geschichtsschreibung der Popmusik ist sich einig, dass schon dies die erste *Marseillaise* einer neuen Jugend gewesen war. Die *Marseillaise* der 1950er Jahre, unter deren Gitarrenakkorden dann 1958 das Gestühl der Konzerthallen in Berlin, Hamburg und Essen bei der Tournee Bill Haleys durch Deutschland zu Bruch ging – von Wolfgang Kraushaar in der *Protest-Chronik*, einem Standardwerk über „Bewegung, Widerstand und Utopie"[1] im Nachkriegsdeutschland, dokumentiert. Rock 'n' Roll und Gewalt: Sind das die wirklichen *Determinanten der westdeutschen Restauration*[2] oder wenigstens ihre Indikatoren – und nicht Nierentisch, Eisbein und Chianti-Romantik? Und all das im *Frühling der Liebe*, wie ein Film und ein Schlager von Ernst Kreuder hießen.[3] Aber Moment: Gab es 1967 nicht den *Sommer der Liebe?*[4] Und bei den Konzerten in *Woodstock* sollte es doch harmonisch und friedlich zugehen: *3 Days of Peace & Music*[5] zeigte das Plakat an.

Oder geht da jetzt einiges durcheinander? „Rock 'n' Roll ist damals Musikstil und Lebensgefühl gleichzeitig", erinnert der Liedermacher Hannes Wader seine Stimmungslage in den 50er Jahren. Und weiter: „Rock 'n' Roll ist städtisch, bewegungs- und tempoübersteigert, enthemmt-rebellisch, sexuell-herausfordernd, aggressiv-brutal, auf Tabubruch gebürstet."[6] Er nennt für die 1950er Jahre Adjektive, die dem Narrativ nach den 1968er Jahren zuge-

---

[1] Kraushaar, Wolfgang: Die Protest-Chronik. 1949–1959. Eine illustrierte Geschichte von Bewegung, Widerstand und Utopie. Bd. III: 1957–1959. Hamburg 1996. S. 2017–2021.

[2] Huster, Ernst-Ulrich; Kraiker, Gerhard; Scherer, Burkhard; Schlotmann, Friedrich-Karl; Welteke, Marianne: Determinanten der westdeutschen Restauration 1945–1949. Frankfurt/M. 1975.

[3] In: dein schönstes lied, Nr. 31, 1954 (A597–31).

[4] Martin, George; Pearson, William: Summer of Love. Wie Sgt. Pepper entstand. Leipzig 1997.

[5] Woodstock. Hg. v. Mike Evans u. Paul Kingsbury, in Zusammenarbeit mit The Museum at Bethel Woods. München 2010. Ein Foto des Plakats findet sich auf der Rückseite des Buches. Wieder Politik *und* Musik? Oder Politik *als* Musik?

[6] Wader, Hannes: Trotz alledem. Mein Leben. München 2019 (2. Aufl.). S. 170.

ordnet werden. Er, den der Verfassungsschutz als Sympathisant der RAF überwachen ließ, sagt nun aber von sich, dass er „mit Rudi Schurickes ‚Capri Fischer' und René Carols ‚Rote Rosen, rote Lippen, roter Wein' mehr anfangen" könne: „Ich bin provinziell geprägt, [...] bin durchaus anpassungswillig, dazu sexuell verklemmt und schüchtern".[1] Ist das die Stimmungslage eines Singer-Songwriters, der nach 1968 berühmt wurde? Oder ging *damals* einiges durcheinander? Rebellische, gewaltbereite *Halbstarke* im *Traumboot der Liebe* (1955, *Club Indonesia*) in den 1950ern. Und *Volunteers* der Revolution (1969, *Jefferson Airplane*) in der Abtei-Straße (*Abbey Road/Beatles*, 1969), in der u.a. ein Morris J2 (Baujahr: 1956-1967) und ein pastellweißer Wirtschaftswunder-VW-Käfer parkten (Baujahr 1968), die auf dem berühmten Plattencover des Albums der *Beatles* zu sehen sind. Die Personen und Orte passen auf einen ersten Blick nicht zusammen.

Fragen wir noch einmal: Waren vielleicht die 1950er Jahre mit ihren Halbstarken eher die Jahre der Rebellion, und waren die 1968er Jahre eher die Jahre der Restauration? Immerhin empfahl *Canned Heat* in *Woodstock* ein Zurück zur heilen Natur: *Goin' up the Country*. Der Liedtext lautete: „I'm gonna leave this city,/ got to get away/ All this fussing and fighting, man, you know I sure can't stay" (Liberty LIB 56077). Bloß weg von den Straßenschlachten! Und auch die *Beach Boys* beschworen die Rückkehr in den Surf-Lifestyle der 50er Jahre mit *Do it again* (1968, Capitol 2239): „So let's get back together and do it again". „Get back to where you once belonged", sangen die *Beatles* 1969. Mick Jagger war 1969 in ein irgendwie rokokohaftes Rüschenhemd gekleidet, während er beim Konzert im Hyde Park als Nachruf auf den Tod seines Band-Kollegen Brian Jones Ausschnitte aus der Elegie *Adonais* von Percy Bysshe Shelley (1792–1822) vortrug, in der die Verse zu lesen sind: „[...] but the pure spirit *shall flow/ Back* to the burning fountain whence it came,/ A portion of the Eternal, which must glow/ Through time and change [...]." Die Deutung: „Jagger reads Shelley./ In his composition *Adonis* Shelley put himself in the tradition of the pastoral elegy."[2]

Was nun? Bemühten sich die 68er um Restauration des Ewigen, und waren die 55er eher Rebellen – wenn auch angeblich ohne Grund? Man muss eine Reihe von Argumentationen anführen, um diese Konfrontationen als

---

[1] Wader: Trotz alledem. S. 169f.

[2] Zitate nach: Leest, Janneke van der: Romanticism in the Park. Mick Jagger Reading Shelley. In: Rock and Romanticism. Blake, Wordsworth, and Rock from Dylan to U2. Hg. v. James Rovira. Lanham, Boulder, New York, London 2018. S. 19–34. Hervorh. von mir, V.L.

Ausnahmen zu erklären und um nach diesen nur wenigen Beispielen die alten Narrative zu verteidigen, die von den *restaurativen* 50ern und den *rebellischen* 60ern sprechen. Beginnen die fixen Bilder bereits bei leichten Rückfragen zu wackeln oder zu schimmern? Halten unsere Vorstellungen genauen Nachprüfungen vielleicht gar nicht stand? Ist die tradierte Ordnung der Dinge nur deshalb geordnet, weil viele Dinge beim Ordnen übersehen wurden?

3. Große Geschichtserzählungen

> „Die Menschen haben sich bisher stets falsche Vorstellungen über sich selbst gemacht, von dem, was sie sind oder sein sollen. [...] Die Ausgeburten ihres Kopfes sind ihnen über den Kopf gewachsen. Vor ihren Geschöpfen haben sie, die Schöpfer, sich gebeugt. Befreien wir sie von den Hirngespinsten, den Ideen, den Dogmen, den eingebildeten Wesen, unter deren Joch sie verkümmern. Rebellieren wir gegen diese Herrschaft der Gedanken."
>
> Karl Marx, 1845[1]

Kann eine Epoche sich selbst verstehen? Oder wird sie überhaupt erst dadurch zu einer Epoche, dass sie sich vom Selbstmissverständnis nährt? Dass sie ein Bild und einen Begriff von sich hat, die ihr beide den Zugang zu sich selbst verstellen?

In der Antike hatte man das Geschehen als Verfallsgeschichte vom Goldenen Zeitalter zum kalten Eisernen Zeitalter gedeutet: „Jetzt ja ist das Geschlecht ein eisernes; niemals bei Tage/ Ruhen sie von Mühsal und Leid, nicht einmal die Nächte,/ o die Verderbten"[2]. Nur Mühsal und Leid in der griechischen Hochkultur? Der Blick auf die Wirklichkeit ist verstellt durch das Narrativ der Verfallsgeschichte – obwohl auch Hesiod (um 700 v. Chr.), von dem die Verse stammen, bemerkt: „Dennoch wird auch diesen zu Bösem Gutes gemischt seien."[3] So ganz fügt sich die Wirklichkeit dem schönen Narrativ dann doch nicht.

---

[1] Marx, Karl; Engels, Friedrich: Die deutsche Ideologie [1845/1846]. Zit. nach: Marx, Karl; Engels, Friedrich: Werke. Bd. III. Berlin 1969. S. 5–530. Hier S. 13.

[2] Hesiod: Sämtliche Werke. Theogonie. Werke und Tage. Der Schild des Herakles. Deutsch von Thassilo von Scheffer. Wien 1936. S. 78. Vers 176–178.

[3] Hesiod: Werke und Tage. S. 78. Vers 179.

Genauso in der Aufklärung, wenn Friedrich Schiller statt Verfall in der Geschichte nur Fortschritt sieht und alles ignoriert oder kleinredet, was nicht ins Narrativ passt. In die Annahme,

> „daß der selbstsüchtige Mensch niedrige Zwecke zwar verfolgen kann, aber unbewußt vortreffliche befördert. [...] Indem sie [die Geschichtsschreibung, V.L.] das feine Getriebe auseinander legt, wodurch die stille Hand der Natur schon seit dem Anfang der Welt die Kräfte des Menschen planvoll entwickelt, und mit Genauigkeit andeutet, was in jedem Zeitraume für diesen großen Naturplan gewonnen worden ist: so stellt sie den wahren Maaßstab für Glückseligkeit und Verdienst wieder her [...]. Sie heilt uns von der übertriebenen Bewunderung des Alterthums, und von der kindischen Sehnsucht nach vergangenen Zeiten; und indem sie uns auf unsre eigenen Besitzungen aufmerksam macht, läßt sie uns die gepriesenen goldnen Zeiten Alexanders und Augusts nicht zurückwünschen."[1]

Aber er warnt. Denn ihre eigenen Zeiten zu erkennen, sei den Zeitaltern selbst versagt gewesen, da „der herrschende Wahn in jedem Jahrhundert anders verfälschte."[2] So bekommt die Geschichtsschreibung die besondere Aufgabe, die Gegenwart über sich selbst aufzuklären: „Kein falscher Schimmer wird sie blenden, kein Vorurtheil der Zeit sie dahinreissen"[3]. Die Geschichtsschreibung soll mit der aufgeklärten Vergangenheit nun auch die Gegenwart neu betrachten: Irrt auch die Gegenwart sich über sich selbst so, wie die Vergangenheit sich über sich selbst irrte?

Geschichte ist nur als *Rekapitulation* ihrer selbst zu vergegenwärtigen. Und – das Aufschreiben verändert das Aufzuschreibende jedes Mal, weil die Sprache sich verändert, in der wir die Vergangenheit zu begreifen suchen. Zudem erschließen sich neue Quellen. Und – man sieht heute das Ergebnis von Handlungen, von denen damals nur die Absicht erkennbar war, eine Absicht, die die Sicht auf die Wirklichkeit zu „blenden" vermag, wie Schiller schrieb. Wer handelt, kann sich dabei nur schwer selbst beobachten. Er hat seine Augen woanders. Und – wer gehandelt hat, neigt dazu, seine Taten nachträglich als sinnvoll zu rechtfertigen. Geschichtsschreibung muss nun versuchen, den falschen Schimmer durch das Licht des neuen Blicks aufzulösen, das „feine Getriebe" der vom Handlungszwang Getriebenen genauer anzusehen und „Vorurtheile" durch Urteile zu ersetzen. Das ist das Anliegen dieses Buches.

---

[1] Schiller, Friedrich: Was heißt und zu welchem Ende studiert man Universalgeschichte? In: Der Teutsche Merkur 4 (1789). S. 105–135. Hier S. 134.

[2] Schiller: Universalgeschichte. S. 134.

[3] Schiller: Universalgeschichte. S. 134.

Heute bezeichnet man, was Schiller den „herrschende[n] Wahn in jedem Jahrhundert" genannt hatte, gerne als *Narrativ*, ohne dass es eine allgemein verbindlich zu machende Kerndefinition dessen gäbe, was mit dem Begriff genau gemeint sei. Aus den Kontexten, in denen das von vielen als nur *modisch* kritisierte Wort verwandt wird, ergibt sich, dass es jenen Modus des Denkens beschreibt, mit dem wir aus einzelnen Daten den Zusammenhang eines in sich stimmigen Ganzen erzählend herstellen, so, wie Schiller es beschrieben hatte:

„Nicht lange kann sich der philosophische Geist bey dem Stoffe der Weltgeschichte verweilen, so wird ein neuer Trieb in ihm geschäftig werden, der nach Uebereinstimmung strebt – der ihn unwiderstehlich reizt, alles um sich herum seiner eigenen vernünftigen Natur zu assimiliren, und jede ihm vorkommende Erscheinung zu der höchsten Wirkung die er erkennt, zum Gedanken zu erheben. [...] Eine Erscheinung nach der andern fängt an, sich dem blinden Ohngefähr, der gesetzlosen Freyheit zu entziehen, und sich einem übereinstimmenden Ganzen (das freylich nur in seiner Vorstellung vorhanden ist) als ein passendes Glied anzureyhen. Bald fällt es ihm schwer, sich zu überreden, daß diese Folge von Erscheinungen, die in seiner Vorstellung soviel Regelmäßigkeit und Absicht annahm, diese Eigenschaften in der Wirklichkeit verläugne; es fällt ihm schwer, wieder unter die blinde Herrschaft der Nothwendigkeit zu geben, was unter dem geliehenen Lichte des Verstandes angefangen hatte eine so heitre Gestalt zu gewinnen. Er nimmt also diese Harmonie aus sich selbst heraus, und verpflanzt sie ausser sich in die *Ordnung der Dinge* d. i. er bringt einen vernünftigen Zweck in den Gang der Welt, und ein teleologisches Prinzip in die Weltgeschichte."[1]

Geschichtsschreibung heute muss demnach gegen jedes „teleologische Prinzip" angehen, wenn denn vorausgesetzt wird, dass der Mensch frei ist und die Freiheit, sich selbst gültig zu bestimmen, sein einziges Telos ist. Der Mensch handelt nicht im Auftrag der Geschichte. Er kann aber Geschichte so gestalten, dass sie menschlich bleibt oder wird.

Die beiden Analysen in diesem Buch wollen fragen, wie das, was „freylich nur in seiner Vorstellung vorhanden"[2] war, in der Wirklichkeit aussah. Ob Wichtiges damals im Überschwang des Handelns übersehen wurde. Ob Zusammenhänge behauptet wurden, die vielleicht andere als die unterstellten Ursachen haben. Die Analysen leihen sich, ganz im Sinne Karl Poppers, einen neuen Scheinwerfer aus, ein neues „Licht des Verstandes" und schauen, was nun mit ihm beleuchtet wird.

---

[1] Schiller: Universalgeschichte. S. 130f. (Hervorh. von mir, V.L.).
[2] Schiller: Universalgeschichte. S. 131.

Es geht um eine Re-*Vision*, also erneute Betrachtung, aber mit dem Ziel der kritischen *Rekapitulation*: Was war da eigentlich genau, von dem wir meinen, wir wüssten es? Was wäre daraus zu lernen, wenn wir entdecken, dass sich eine Zeit selbst weder vollständig noch richtig versteht? Zur Vorbereitung von Antworten auf diese Fragen möchte ich nur zeigen, was ich mit dem neuen Blick gefunden habe.

4. Die DNA der deutschen Geschichte

> „Im öffentlichen Prozeß der Überlieferung entscheidet sich, welche unserer Traditionen wir fortsetzen wollen und welche nicht. Der Streit darum wird um so intensiver entbrennen, [...] je deutlicher uns die Ambivalenz jeder Überlieferung zu Bewusstsein gekommen ist."
>
> Jürgen Habermas, 1987[1]

Warum gerade und warum wieder stehen die 1950er und 1960er Jahre im Zentrum der Betrachtungen? Nun, es sind jene Jahre, in denen sich das herausbildete, was heute noch und mit einer biologistischen Metapher gerne als die *DNA* der Bundesrepublik Deutschland beschrieben wird: Die Struktur einer kollektiven Identität – übrigens bis in die aktuelle Politik hinein. (Wie dies auf die Bürger der ehemaligen DDR wirkt, wäre gesondert zu prüfen.) Politische Maßnahmen werden weiterhin unter Verweis auf die deutsche Vergangenheit nicht nur beschrieben oder erklärt, sondern begründet: Die deutsche Geschichte nach 1949, nach 1968, nach 1989 und nach 2021 ist bis auf Weiteres kaum anders denn als *Aufarbeitung der Vergangenheit* zu verstehen. Diese Aufarbeitung aber begann 1945, erprobte in den 1950er Jahren Formen, die zuerst nicht verstanden, dann vermisst und gefordert und nun als eigene reklamiert werden. Auch wenn wir uns heute anders kleiden, wenn wir andere Vokabeln zu benutzen versuchen und uns in den Lebensformen anders darstellen: Wie leben innerhalb jener Denkmodelle, die sich 1945 in Deutschland herausgebildet haben. Wir sind nach wie vor Kinder und Enkel der Nachkriegsgeneration. Unsere Gegenwart besser zu verstehen hilft die Rekapitulation jener Jahre. Wer das für übertrieben hält, muss nur den aktu-

---

[1] Habermas, Jürgen: Geschichtsbewußtsein und posttraditionale Identität. Die Westorientierung der Bundesrepublik [1987]. In: Habermas, Jürgen: Die Moderne – ein unvollendetes Projekt. Philosophisch-politische Aufsätze 1977–1990. Leipzig 1990. S. 159–179. Hier S. 175.

ellen Reden der Politik lauschen. Vor einigen Wochen, am 20. Juli 2022, stellte Minister Robert Habeck folgende Überlegungen an:

> „‚Was hättest du getan?' – Das ist die Frage, die der 20. Juli seit dem Ende des Zweiten Weltkriegs an uns Deutsche richtet. […] Mit dem Erstarken autoritärer, totalitärer Systeme in unserer Nachbarschaft – aber auch der Populismus in den liberalen Demokratien erstarkt – *bekommt die historische Frage nun eine Unmittelbarkeit*. […] Geschichte wird von der Gegenwart eingeholt."[1]

Wenn dem so ist, dann ist es nicht nur wichtig, dass wir die Geschichte kennen. Dann müssen wir sie *richtig* kennen, nicht aber *Schimmer* und *Wahn*, vor denen Schiller warnte. Wir dürfen das Geschehen nicht mit den Narrativen verwechseln. Wenn unsere Gegenwart die Geschichte *einholen* soll, wie Robert Habeck fordert, dann sie selbst und nicht ihr Narrativ. Er fährt fort:

> „Wie viele Menschen haben wohl auch im Nationalsozialismus versucht, ‚in der Wahrheit zu leben'? Wie viele gab es, von denen wir nichts wissen? Die *in der Nachkriegszeit bewusst vergessen gemacht wurden*, weil sie Zeugnis dafür waren, dass wir Menschen immer, auch unter den schlimmsten Umständen, eine Wahl haben?"[2]

Hier wird ein Narrativ der 1968er Jahre wieder bemüht: Die Zeugen der Gräuel und des Widerstands seien verdrängt worden. Und sie seien verdrängt worden, gerade *weil* sie Zeugen waren. Das alte Narrativ lebt fort; es bestimmt sogar das Handeln: Die 1950er Jahre haben „bewusst vergessen gemacht". War dem so? Schauen wir uns die Zeit der Verdrängung mal genauer an. Die Zeit des Verschweigens. Denn dieses Narrativ beschreibt und erklärt nicht nur das Handeln, es *leitet* das Handeln: „Dem gedenken wir. Es *verpflichtet* uns."[3]

Haben die 1950er Jahre die Aufarbeitung der Vergangenheit verdrängt? Haben die Väter und die Mütter geschwiegen? So, dass eine zweite Schuld entstand, die Schuld des Verschweigens, die zur ersten kommt und das Handeln leitet? Oder gibt es eine ganz andere Schuld, die Schuld derer, die nicht zugehört haben? Was folgte daraus für eine Verpflichtung?

Und was haben die Akteure der 1968er Jahre aus der Verpflichtung gemacht? Eine Revolution der Denkungsart? Hatte sie ihren Ursprung in dem Moment, als man psychedelisch buntes Vinyl auf rotierende Plattenteller (die im Englischen *Revolver* hießen) legte und die lebenssüchtigen Keller-Partys

---

[1] Habeck, Robert: Der Mut, der uns verpflichtet. In: Süddeutsche Zeitung. 20.07.2022. Zit. https://www.sueddeutsche.de/kultur/robert-habeck-rede-20-juli-1944-1.5624714) (Hervorh. von mir, V.L.).

[2] Habeck: Der Mut, der uns verpflichtet. o. S. (Hervorh. von mir, V.L.).

[3] Habeck: Der Mut, der uns verpflichtet. o. S. (Hervorh. von mir, V.L.).

als Beginn der Pop-Revolution verstand? Und was folgt daraus für eine Verpflichtung?

5. Bruch oder Kontinuum?

> „Es ist bloß die Denkungsart der Zuschauer, welche sich bey diesem Spiele großer Umwandlungen öffentlich verräth und eine so allgemeine und doch uneigennützige Theilnehmung der Spielenden auf einer Seite gegen die auf der andern, selbst mit Gefahr, diese Partheylichkeit könne ihnen sehr nachtheilig werden, dennoch laut werden läßt [...]."
>
> Immanuel Kant, 1798[1]

Wer eine „Ordnung der Dinge" (Schiller) versucht, muss das eine Ding vom anderen Ding abgrenzen. Dem dient zum Beispiel der Begriff der Epoche. Auch wir sprachen oben von „dem Altertum" und „der Aufklärung", so als handle es sich um Wirklichkeiten und nicht um ordnende Begriffe, die völlig andere Inhalte bekommen, wenn wir die Kriterien anders setzen. Wir alle leben miteinander in Ungleichzeitigkeiten (Ernst Bloch), weil wir unterschiedliche Kriterien haben, um die Zeiten zu beurteilen. Ein Kollege, der den Text vorab gelesen hatte, sagte mir sinngemäß: Für seine Eltern habe es keine Studentenbewegung gegeben; sie hätten einen kleinen Hof bewirtschaftet, täglich die gleichen Arbeiten erledigt, ohne Sonn- und Feiertage und ohne Ferien, denn die Tiere auf dem Hof hätten jeden Tag um 5 Uhr versorgt werden müssen und um 18 Uhr wieder. Seine Eltern hatten zwischen 1960 und 1990 ein Kontinuum *gelebt* und keinen Bruch *erlebt*.

Für uns hektische Städter ist das kaum vorstellbar, weil wir tagtäglich vollauf damit beschäftigt sind, die absolute Wahrheit der jeweils neuesten Zeitenwende mitzubekommen. Weil wir aufpassen müssen, dass wir uns rechtzeitig ins gerade angesagte Narrativ einloggen. Weil wir damit energisch zu tun haben, die aktuellen Sprachregelungen einzuüben, das hippe Neu-*wording* zu trainieren: Städter wollen *woke* sein, um sich auf der Höhe der Zeit zu treffen. Aber das ist keineswegs überall so und ein *Must*. In der Kurzgeschichte *Über die Brücke* schildert Heinrich Böll, wie eine Frau an bestimmten Wochentagen jahrzehntelang den Hauseingang putzt, unberührt

---

[1] Kant, Immanuel: Der Streit der Fakultäten in drey Abschnitten. Königsberg 1798. S. 143.

von der großen Weltkriegsgeschichte.[1] Das ist lehrreich: Um Zäsuren zu finden, muss man Kriterien voraussetzen. Die Frau hatte für ihr Leben andere Kriterien als die Politik, sie erlebte und gliederte daher die Zeit auch anders. Das, was wir ordnend *Epoche* der *Geschichte* nennen, ist ein *Konstrukt* unseres Geistes:

> „Ich habe kaum nötig, hier ausdrücklich darauf aufmerksam zu machen, daß es in der Geschichte sowenig Epochen gibt wie auf dem Erdkörper die Linien des Äquators und der Wendekreise, daß es nur Betrachtungsformen sind, die der denkende Geist dem empirisch Vorhandenen gibt, um sie desto gewisser zu fassen."[2]

Betrachtungsformen nannte Johann Gustav Droysen (1808-1884) das, was heute als Narrativ etikettiert wird. Epochen sind Zeiteinheiten, die sich von anderen Zeiteinheiten durch ein signifikantes Merkmal abheben. Von *Epochen* zu unterscheiden sind *Moden*, die zwar sichtbare Veränderungen an der Oberfläche zeigen, die Strukturen aber unbeeinträchtigt lassen. Wer Epochen beschreiben will, muss zuvor ein Kriterium angeben, das er für so bedeutsam hält, dass er es anderen Merkmalen gegenüber bei der Rekapitulation der Geschichte besonders beachtet. Droysen setzte als Merkmal für einen Strukturwandel in der Geschichte die Art der Mitarbeit „am Werk der Freiheit"[3] an. Gab es da 1968 eine neue Art?

Zwei Denkbewegungen leiten die Arbeitsweise in diesem Buch: Die Analyse des Narrativs einerseits und die Beschreibung von Einzelheiten andererseits. Je genauer der Vorgang des Konstruierens, die Betrachtungs*formen* und das *Ordnen* der Dinge betrachtet werden, *und* je genauer das Geschehen rekapituliert wird, desto näher könnte die heutige Zeit dem kommen, was der andere große Historiker des 19. Jahrhunderts, Leopold von Ranke (1795-1886), als das Ziel der Geschichtsschreibung bezeichnete: Herauszufinden, wie es *eigentlich* war – wohl wissend, dass wir es nie erreichen können. Dass wir Geschichte nie rekonstruieren, wohl aber rekapitulieren können: Eine Geschichte dessen zu schreiben, was sich den bekannten Sichtweisen bisher entzogen hatte. Mehr nicht: „Man hat der Historie das Amt, die

---

[1] Böll, Heinrich: Über die Brücke [1950]. In: Böll, Heinrich: Wanderer, kommst du nach Spa... Erzählungen. München 1967. S. 7–11.

[2] Droysen, Johann Gustav: Historik. Rekonstruktion der ersten vollständigen Fassung der Vorlesungen (1857), Grundriß der Historik in der ersten handschriftlichen (1857/1858) und in der letzten gedruckten Fassung (1882). Textausg. v. Peter Ley. Stuttgart-Bad Cannstadt 1977. S. 371 (= § 19 Die Epochen der Geschichte).

[3] Droysen: Historik. S. 371.

Vergangenheit zu richten, die Mitwelt zum Nutzen zukünftiger Jahre zu belehren, beigemessen: so hoher Aemter unterwindet sich gegenwärtiger Versuch nicht: er will blos zeigen, wie es eigentlich gewesen."[1]

6. Einige technische Hinweise

> „Für Begriffe, über die nur in ihrer allgemeinen Bedeutung gehandelt wird, sind Beispiele zu geben: wo etwa von Maschinen die Rede ist, sind alle Arten derselben aufzuzählen."
>
> Walter Benjamin, 1928[2]

> „Und von meiner Sprache, die sich, wie ich vermute, von hier nicht mehr wegrühren wird. Von ihrer eingesalzenen Mahlzeit, ihrem grauen Blick. Ich werde tun, was ich für sie tun kann. Die Unterhaltung allein wird ihr helfen, das Gespräch über sie, die Beobachtungen, die sich wiederholen. Man wird mit der Zeit nichts mehr von ihr wollen. Und ich werde das meinige dazutun. Ich werde hier und dort einen Satz einflechten, der sie unverdächtig macht."
>
> Ilse Aichinger, 1968[3]

Da ich nicht weiß, wie verwoben künftige Zeitgenossen in die Kenntnisse der Kultur der 1950er und 1960er Jahre sind, habe ich Hinweise auf Autoren, Musiktitel, Bandmitglieder oder Bands auch da angegeben, wo meine Generation nur müde oder genervt über diese Angabe von Selbstverständlichkeiten lächelt. Ich bitte die Älteren und die Kundigen um Nachsicht. Aber wissen Leser, die nach 2000 geboren wurden, warum *Woodstock* etwas anderes war als *Altamont*, so wie wir heute noch wissen, dass das *Waldeck-Festival* etwas anderes bedeutet als das *Wartburg-Fest*? Ich befürchte, dass derlei Alltagswissen schneller verloren geht, als wir Älteren uns das vorstellen können.

---

[1] Ranke, Leopold von: Sämtliche Werke. Bd. 33/34: Geschichte der romanischen und germanischen Völker von 1494–1514. Leipzig 1885. S. 7.

[2] Benjamin, Walter: Einbahnstraße [1928]. Zit. nach Frankfurt/M. 1972. S. 44. Der Eintrag ist überschrieben: „Prinzipien der Wälzer oder die Kunst, dicke Bücher zu machen" (S. 43f.).

[3] Aichinger, Ilse: Meine Sprache und ich [1968]. In: Aichinger, Ilse: Dialoge. Erzählungen. Gedichte. Stuttgart 1971. S. 3–6. Hier S. 6.

Alle Texte habe ich nach authentischen Ausgaben zu zitieren versucht, natürlich in der einsalzenden Originalorthographie. Ist hinter einem zitierten Songtext eine Schallplattenbestellnummer angegeben (manchmal auch eine CD-Nummer), habe ich den Text beim Abhören des Musikstücks mitgeschrieben. Die Orthographie des übrigen Textes folgt den letztgültigen Empfehlungen des Rechtschreiberats (von 2004 und 2006) zur Rechtschreibung (vgl. https://www.rechtschreibrat.com/ueber-den-rat/) und maßt sich nicht an, Rezipienten eigene oder partielle Vorstellungen von allgemeiner Rechtschreibung aufzudrängen. Alle Internetquellen wurden noch einmal am 15.08.2022 überprüfend aufgerufen.

Ich möchte nicht versäumen darauf hinzuweisen, dass das zweite Kapitel auf einen Aufsatz zurückgeht, den ich 2020 unter dem Titel *1968: Strukturwandel oder Stabilisierung des Systems. Lebensweltliche Ästhetisierung als Handlungsersatz* in der Zeitschrift *Wirkendes Wort*[1] veröffentlicht habe. Dem Herausgeber Lothar Bluhm und dem Verlag gilt der große Dank dafür (und für anderes), dass ich Teile dieses Aufsatzes in starker Überarbeitung für dieses Buch übernehmen durfte.

---

[1] Wirkendes Wort 70 (2020). H. 3. S. 441–467.

KAPITEL 1: DAS NARRATIV DER RESTAURATION.
ODER: HAT DIE ÄLTERE GENERATION GESCHWIEGEN?

> „Der Andere: Hör nicht hin auf die sentimentale Klimperei des süßen Xylophonspielers, hör nicht hin.
> Beckmann: Hör nicht hin? Ist das deine ganze Antwort?"
>
> Wolfgang Borchert, 1947[1]

1. Ein Indiz

In seinem ersten Kriminalroman erzählt Friedrich Dönhoff (*1967) die Geschichte eines Mörders, der Anfang des neuen Jahrtausends den Verrat an seiner Großmutter rächt: Drei jazzbegeisterte 20-Jährige waren 1941 unter Folter gezwungen worden, den Namen einer weiteren Beteiligten bei ihren Jazz-Treffen der Polizei preiszugeben. Der Kommissar räsoniert: „[...] denn am Anfang herrschte in Deutschland ja das große *Schweigen*, die *Aufarbeitung* fand erst viel später statt. Alle drei scheinen die Episode radikal *verdrängt* zu haben."[2] Die Bemerkung des Kommissars enthält gleich drei Schlüsselbegriffe eines epochalen Narrativs: Schweigen, Aufarbeitung (der Vergangenheit) und Verdrängung. Die Bemerkung wird vom Erzähler nicht kommentiert, was erstaunlich ist, weil eine nahe Verwandte des Autors, Marion Gräfin Dönhoff (1909–2002), nicht geschwiegen, sondern ab 1947 bei der Wochenzeitung *Die Zeit* (zuletzt als Chefredakteurin und Herausgeberin) publiziert hatte. 1952 verließ sie kurzfristig und unter Protest *Die Zeit*, da der damalige Herausgeber Artikel ehemaliger Nationalsozialisten abgedruckt hatte.[3] 1962 erschien ihr Bestseller *Namen, die keiner mehr nennt* – eine Geschichte ihrer Familie, eingebettet in die politische Geschichte Ostpreußens bis in die damalige Gegenwart. Die *Spiegel*-Redaktion wies darauf hin, dass dies nun schon der „zweit[e] Ostpreußen-Bestseller"[4] in den letzten Jahren

---

[1] Borchert, Wolfgang: Draussen vor der Tür und ausgewählte Erzählungen. Mit einem Nachwort von Heinrich Böll. Hamburg 1956. S. 43.

[2] Dönhoff, Friedrich: Savoy Blues. Ein Fall für Sebastian Fink. Zürich 2008. S. 249 (Hervorh. von mir, V.L.). Vgl. die Zusammenfassung der Vorgeschichte S. 236–241.

[3] Vgl. Kuenheim, Haug von; Sommer, Theo (Hg.): Ein wenig betrübt, Ihre Marion. Marion Gräfin Dönhoff und Gerd Bucerius. Ein Briefwechsel aus fünf Jahrzehnten. Berlin 2003. S. 23.

[4] N.N.: Bücher-Spiegel: Neu erschienen. In: Der Spiegel 16 (1963). H. 4. S. 73.

sei und nennt Hans Graf von Lehndorff und sein *Ostpreußisches Tagebuch*.[1] Schweigen? Verdrängung der Familiengeschichte? Mangelnde Aufarbeitung? Friedrich Dönhoff musste wissen, dass es nicht stimmen konnte: Er hat im Jahr 2002 ein Erinnerungsbuch über seine Tante veröffentlicht.[2] Warum also seine Klage, dass man in den frühen Jahren der Bundesrepublik Kriegsschuld und Verbrechen der Nationalsozialisten nicht aufgearbeitet, sondern verdrängt habe, wenn in der eigenen Familie doch die Aufarbeitung der Vergangenheit nachweislich, prominent und öffentlich geschehen war? Ist das Narrativ stärker als die eigene Erfahrung?

Das Narrativ indessen scheint unverzichtbar für die Identität der Nachkriegsgesellschaft. 2008 wird es im *Stern* wieder einmal zusammengefasst: „Es war nicht mehr als eine Floskel, wenn im Nachkriegsdeutschland von der *Bewältigung* der NS-Vergangenheit geredet wurde. In Wahrheit herrschte *Schweigen*. Die Väter, die Täter oder Mitläufer gewesen waren, gingen zur Tagesordnung über. Das Wirtschaftswunder blühte. Nur die Jugend erkannte die Lebenslüge der jungen Republik. Aus Fragen wurde Protest, aus Rebellion Revolte."[3]

2. Der Bezugstext

Die beiden Texte verweisen mit Signalwörtern auf einen Vortrag Theodor W. Adornos aus dem Jahre 1959, dem zentrale Bedeutung zugeschrieben wird: *Was bedeutet: Aufarbeitung der Vergangenheit*. Die Schriftfassung geht auf einen Vortrag zurück, der im Radio gesendet[4] und mit kleinen Veränderungen mehrfach gedruckt wurde. Adorno analysiert in dem Text – weniger als 15 Jahre nach dem Ende des deutschen Nationalsozialismus – die Mentalität in seiner Gegenwart, die noch ganz nahe grausige Vergangenheit zu leugnen, kleinzureden oder ganz zu verdrängen, endlich „einen Schlußstrich darunter [zu] ziehen und womöglich es selbst aus der Erinnerung

---

[1] Lehndorff, Hans Graf von: Ostpreußisches Tagebuch – Aufzeichnungen eines Arztes aus den Jahren 1945–1947. München o. J. [1955].

[2] Dönhoff, Friedrich: Die Welt ist so, wie man sie sieht. Erinnerungen an Marion Dönhoff. Hamburg 2002.

[3] Sandmeyer, Peter: Die 68er. Aufstand der Jugend. In: Stern. 14.01.2008. Zit.: https://www.stern.de/politik/geschichte/die-68er-aufstand-der-jugend-3227074.html.

[4] Abrufbar derzeit bei YouTube: https://www.youtube.com/watch?v=On1MiOaVPrQ.

weg[zu]wischen. [...] nicht selten auch einfach *Verdrängung* des Gewußten oder halb Gewußten."[1]

3. Das Narrativ

Zusammengefasst und mit Beispielen illustriert lautet das Narrativ, dass die Väter der 1968er Generation *geschwiegen* und ihre *Mittäterschaft* oder *Schuld* an Krieg, Kriegsverbrechen und Völkermord, am Holocaust und allgemein an der Gewaltherrschaft des Nationalsozialismus nicht eingestanden haben: Die „unmittelbare Nachkriegszeit [ist] nach allen Zeugnissen gekennzeichnet nicht so sehr durch ein Nachdenken über Schuld und Schuldursachen, als vielmehr durch die Hinwendung der meisten Deutschen zu ihrem eigenen Schicksal und dem ihnen selbst zugefügten Leid. Die letzte aktuelle Erfahrung, die sie gemacht hatten, bestand darin, daß ihr Land selbst Opfer des Regimes und des Krieges geworden war."[2] Statt die Vergangenheit im Hinblick auf eigenes Verschulden aufzuarbeiten, habe sich diese Generation mit dem *Wiederaufbau* beschäftigt. Diese Deutung spiegelt sich in vielen kulturellen Objektivationen, nicht zuletzt in Ludwig Erhardts Buchtitel *Wohlstand für alle*, 1957. Die Kriegsgeneration habe *Urlaub* von der Wirklichkeit genommen: Caterina Valente: *Komm' ein bisschen mit nach Italien*, 1955. Sie habe die Verantwortung dem leiblichen Wohlbefinden geopfert: „Ach, sag' doch nicht immer wieder [...] Dicker zu mir", 1953[3]. Sie habe unpolitische *Unterhaltung* bevorzugt: Bill Ramsey: *Jeden Tag 'ne andere Party*, 1961. Und sie habe die Vergangenheit verharmlost oder verdrängt: *Laß die Sorgen Sorgen sein/ Es wird ja alles wieder gut.* (Horst Winter, 1952/1953; Maria Mucke, 1954). Mit dem Satz „Der Deutsche [...] interessiert sich mehr für den neuen Porsche als für John Foster Dulles; er wählt Adenauer wegen

---

[1] Adorno, Theodor W.: Was bedeutet: Aufarbeitung der Vergangenheit? [1959]. In: Adorno, Theodor W.: Erziehung zur Mündigkeit. Vorträge und Gespräche mit Hellmut Becker 1959–1969. Hg. v. Gerd Kadelbach. Frankfurt/M. 1975. S. 10–28. Hier S. 10f. (Hervorh. von mir, V.L.).

[2] Wolgast, Eike: Vergangenheitsbewältigung in der unmittelbaren Nachkriegszeit. In: Ruperto Carola – Forschungsmagazin der Universität Heidelberg 3 (1997). S. 30-39. Hier S. 30f.

[3] Hügel, Hans-Otto; Zeisler, Gert (Hg.): Die süßesten Früchte. Schlager aus den Fünfzigern. Frankfurt/M., Berlin 1992. S. 30.

des Wirtschaftswunders, nicht wegen der Außenpolitik"[1], fasst Golo Mann Erich Kubys Analyse *Das ist des Deutschen Vaterland* aus dem Jahre 1957 zusammen: Aber – und hier ist zu stutzen – er fasst es 1957 zusammen, also *vor* Adornos Rede und in genau jener Zeit, in der, dem Narrativ nach, derlei Selbstkritik gar nicht thematisiert worden sei. Dieses Missverhältnis von Urteil und Fakten spiegelte sich auch in der Betrachtung der Literatur nach 1966 wider, von der behauptet wird, dass erst „[d]ie jüngere Generation stark *hervor[trat]* mit ihrer scharfen Kritik an den Vätern, an den Trägern der neuen Wohlstandsgesellschaft, an staatlichen und kirchlichen Einrichtungen"[2]. War dem so?

4. Zur Methode

Wie sich zeigen wird, generiert eine *literaturwissenschaftliche* Analyse des Narrativs Erkenntnisse, die die politischen oder soziologischen Analysen bereichern können.

Betrachten wir zuerst die Struktur des Narrativs: Dem *Narrativ vom Schweigen der Väter* liegen drei ineinanderspielende Postulate zugrunde, ein moralisches, ein politisches und ein ästhetisches Postulat. Sie stützen sich gegenseitig; nimmt man eines von ihnen fort, fällt das gesamte Narrativ zusammen. Zudem sind die jeweiligen Implikationen fragwürdig:

(1) Das moralische Postulat lautet: Es gibt eine Kollektiv-Schuld der Deutschen, es gab ein „Täterkollektiv"[3].

Karl Jaspers hatte allerdings 1946 in seiner Schrift *Die Schuldfrage* Probleme dieser Auffassung beschrieben und unterschieden in

- die kriminelle Schuld, die sich auf nachweisbare Verstöße gegen geltendes Recht bezieht;
- die politische Mitschuld durch Handlungen, an denen der Einzelne durch seine Staatsbürgerschaft eine (nach Verfassungen zu definierende) Mitverantwortung hat;

---

[1] Mann, Golo: Zur Literatur über Deutschland [1957]. In: Mann, Golo: Geschichte und Geschichten [1961]. Zit.: Frankfurt/M. 1972. S. 283–291. Hier S. 288.

[2] N.N.: Deutsche Literatur. In: Brockhaus Enzyklopädie in zwanzig Bänden. Vierter Band CHOD-DOL. Wiesbaden 1968 (17., völlig neu bearb. Aufl.). S. 521–544. Hier S. 542–543 (Hervorh. von mir, V.L.).

[3] Röger, Marein: Adorno-Diktum. In: Fischer, Torben; Lorenz, Matthias N. (Hg.): Lexikon der ‚Vergangenheitsbewältigung'. Bielefeld 2015 (3., überarb. u. erw. Aufl.). S. 41–42. Hier S. 42.

- die moralische Schuld in Differenz zur Gesetzestreue („Befehlsnotstand"), sodass das positive Recht noch einmal moralisch bewertet werden müsse;
- die metaphysische Schuld aus der menschlichen Mitverantwortung jedes Einzelnen für alle Ungerechtigkeiten in Vergangenheit und Gegenwart.[1]

Um welche Art von Schuld handelt es sich, wenn man Deutschen am Kriegsende Schuld vorwarf? In welcher Lebenssituation konnte wer welche Schuld haben? Jürgen Habermas bestätigt 40 Jahre später diese Unterscheidungen noch einmal als geschichtlich sinnvoll: „Mit den Lebensformen, in die wir hineingeboren wurden und die unsere Identität geprägt haben, übernehmen wir *ganz verschiedene Sorten einer geschichtlichen Haftung* (im Jaspers'schen Sinne[2]). Denn von uns hängt es ab, wie wir die Traditionen, in denen wir uns vorfinden, *fortsetzen*."[3] Politisch und moralisch bedeutsam sind demnach nicht nur Differenzierungen im Schuldbegriff, sondern die unterschiedlichen Umgangsweisen und *Konsequenzen*, die aus dieser *geschichtlichen Haftung* (die nicht endet) folgen. Wie soll der Einzelne mit seiner Art von Verstrickung öffentlich und politisch umgehen? Die Frage ist gestellt, die Antwort muss in einer Demokratie aber erst noch gesucht werden.

(2) Das politische Postulat: Ein weiteres Element des Narrativs ist eine pseudoreligiöse Erwartungshaltung (mit den Grundbegriffen: Schuld; Selbstbezichtigung/Beichte; schmerzhafte Strafe; Sühne/Buße), formuliert aus einer *exklusiven*, *normativen* und sich selbst *nicht befragenden* und dadurch sich selbst *exkulpierenden* Haltung[4], die die Anderen bipolar (gut/böse) richtet, politisch verurteilt und öffentlich abstrakt sowie – und das ist das Wesentliche – ein wie auch immer geartetes Lernen seitens der Beschuldigten nicht annimmt oder zulässt.

Zu erinnern ist allerdings, dass sich schon in der Romantik Widerwille gegen diese Arten der öffentlichen Beschämung und Selbstbezichtigung

---

[1] Jaspers, Karl: Die Schuldfrage [1946]. In: Jaspers, Karl: Die Schuldfrage./Für Völkermord gibt es keine Verjährung. München 1979. S. 9-88.

[2] Hier bei Habermas der Fußnotenhinweis auf Karl Jaspers, *Die Schuldfrage* (1946).

[3] Habermas, Jürgen: Geschichtsbewußtsein und posttraditionale Identität. Die Westorientierung der Bundesrepublik. In: Habermas, Jürgen: Die Moderne – ein unvollendetes Projekt. Philosophisch-politische Aufsätze 1977–1990. Leipzig 1990. S. 159–179. Hier S. 161 (Hervorh. von mir, V.L.).

[4] Müsste nicht ein Ankläger selbst schuldlos sein, was aber bei der Voraussetzung einer Kollektivschuld aller Deutschen gar nicht möglich wäre – so dass es bei der Annahme einer Kollektivschuld keine Ankläger geben könnte.

zeigte¹, die weder die Gräueltaten ungeschehen machten und die Opfer entschädigten, noch die Zukunft durch Dialog und Lernprozesse anders werden ließen.

In der Rückschau zeigt sich nun, dass sofort nach dem Krieg andere Umgangsweisen als die der autoritär verordneten Selbstbezichtigung erprobt wurden:

Seitens der USA ist eine sozialpädagogische Intervention versucht, allerdings selten gewürdigt worden – die *re-education*:

- politisch mit dem Film *Die Todesmühlen*;
- publizistisch mit der *Neuen Zeitung*;
- atmosphärisch mit den als *Jazz Ambassadors*² verstandenen Jazz- und Unterhaltungsmusikern aus den USA und den Rundfunkanstalten AFN und RIAS Berlin oder
- pädagogisch in der anfangs von Erich Kästner verantworteten Kinderzeitschrift *Pinguin*.

Es wurde geprüft, ob statt einer aktionistischen öffentlichen Verurteilung eher ein nachhaltiger juristischer und politischer, vielleicht sogar ein therapeutischer Umgang mit den Tätern und ihren Helfern erfolgreicher sind, eine wissenschaftliche Aufarbeitung oder ein Dialog, wie ihn z.B. Adorno (vor-) geführt hat.³ Adorno schreibt:

---

[1] Vgl. „Er war in seiner Jugend Soldat gewesen, und erzählte selbst zuweilen von jener Zeit mit Grauen, und *klagte sich* auf dunkle Weise vieler Vergehungen *an*. [...] So hatte er sich nun vorgesetzt, seine früheren Sünden durch *Buße* und strengen Wandel abzubüßen. In dieser Sinnesart bestärkte ihn vorzüglich sein abergläubiger *Beicht*vater, der jedes Geschöpf nur wie einen abgefallenen bösen Geist betrachtete, und in jeder unschuldigen Freude eine Gotteslästerung sah." Er wurde „gänzlich ein Werkzeug der Priester sei, die sich aller seiner Kräfte bemächtigt hatten und ihn unbedingt regierten". Aus: Tieck, Ludwig: Der Hexensabbat [1821]. Novelle. Mit einem Anhang: Aus den Memoiren des Jacques du Clercq. Hg. v. Walter Münz. Stuttgart 1988. S. 53 (Hervorh. von mir, V.L.).

[2] Vgl. dieses Konzept etwa dargestellt bei: Travis, Dempsey Jerome: The Louis Armstrong Odyssey. From Jane Alley to America's Jazz Ambassador. Chicago 1997. Wie präsent diese Auffassung bei den Zeitgenossen war, mag illustrieren, dass der Jazzmusiker Klaus Doldinger den Begriff positiv aufnahm und nun, mit neuem Selbstbewusstsein, 1969 eine Langspielplatte (unter dem populären *twen*-Label und vom Goethe-Institut gefördert) *The Ambassador* (Liberty – LBS 83 317/18 X) nannte.

[3] Vgl. etwa den Dialog Adornos mit Arnold Gehlen; Gehlen war am 1. Mai 1933 in die NSDAP eingetreten, hatte im November 1933 das *Bekenntnis der Professoren an den deutschen Universitäten und Hochschulen zu Adolf Hitler und*

„Ich möchte einen konkreten Vorschlag machen: die Schuldigen von Auschwitz mit allen der Wissenschaft verfügbaren Methoden, insbesondere mit langjährigen Psychoanalysen, zu studieren, um möglicherweise herauszubringen, wie ein Mensch so wird. Das, *was jene an Gutem irgend noch tun können*, ist, wenn sie selbst [...] etwas dazu helfen, daß es nicht noch einmal so komme. Das würde nur dann geschehen, wenn sie *mitarbeiten wollten bei der Erforschung ihrer Genese. Allerdings dürfte es schwierig sein, sie zum Reden zu bringen*; um keinen Preis dürfte irgend etwas ihren eigenen Methoden Verwandtes angewendet werden, um zu lernen, wie sie so wurden. [...] [V]ermutlich existieren auch in ihnen, oder wenigstens in manchen, psychologische Anknüpfungspunkte, durch die sich das ändern könnte, etwa ihr Narzißmus, schlicht gesagt ihre Eitelkeit. Sie mögen sich wichtig vorkommen, wenn sie hemmungslos von sich sprechen können, so wie Eichmann, der ja offenbar ganze Bibliotheken

---

dem nationalsozialistischen Staat mitunterzeichnet und trat 1934 dem NS-Dozentenbund bei. Am Ende eines Radio-Gesprächs mit Adorno sagt Gehlen: „Obzwar ich das Gefühl habe, dass wir uns in tiefen Prämissen einig sind [...]." Adorno widersetzt sich diesem Einverständnis nicht. Zuvor hatte Adorno gesagt: „Ich bin ganz Ihrer Ansicht". Erst Gehlen insistiert auf dem Dissens: Als Adorno sagt: „Also, daß in der Kultur, die Sie jetzt Industriekultur nennen, etwas geschehen ist, was es in dieser Weise noch nicht gegeben hat und was Sie wesentlich – und übrigens ganz ähnlich wie ich es auch tun würde – durch den Begriff der Naturbeherrschung und durch die Verbindung von Technik und Wissenschaft bestimmen, darin würde ich mit Ihnen übereinstimmen", antwortet Gehlen: „Ich taste so gern einmal den Raum ab, wo wir einig sind und wo nicht. Ich glaube, gerade weil die Zeit schon etwas fortgeschritten ist, sind wir es doch eigentlich unseren Zuhörern, schon damit sie in der Arena auch auf ihre Kosten kommen, schuldig, nun also endlich einmal an den Fleischbrocken uns heranzumachen; das heißt, jetzt wollen wir uns zanken. [...] Das ist eigentlich die ganz einfache Frage, über die ich ganz gern mit Ihnen mich gerauft hätte. [...] Wir müssen doch endlich den Streitpunkt finden." Adorno reagiert: „Das, was mir – wenn Sie mir gestatten, daß ich das so sage – was mir die Gefahr in Ihrer Position erscheint, bei der ich den Untergrund einer tiefen Verzweiflung weiß Gott nicht überhöre, ist dieses: daß ich fürchte, daß Sie manchmal aus einer Art – ja, verzeihen Sie schon – metaphysische Verzweiflung dieser Identifikation mit dem Angreifer [...] sich überantworten, das heißt, daß Sie sich theoretisch mit eben der Macht identifizieren, die Sie selber, wie wir alle, fürchten; aber damit eben auch Partei ergreifen für eine ganze Reihe von solchen Dingen, von denen ich denken würde und von denen Sie wahrscheinlich auch denken würden, daß sie mit dem Unheil eben doch auf eine tiefe Weise verknüpft sind." Das Gespräch ist im Netz einsehbar (https://docplayer.org/138964475-Theodor-w-adorno-und-arnold-gehlen-ist-die-soziologie-eine-wissenschaft-vom-menschen-radio-sfb-ndr.html). Dieses Gespräch zeigt ein anderes Modell als jenes geforderte von Bekenntnis, Beichte, Buße und Bestrafung; hier geht es um ein wechselseitiges Lernen.

von Bändern einsprach. [...] Ein aufklärendes Potential dürfte allein schon in der Fragestellung liegen, wie man so wurde."[1]

Es lag 1945 kein Modell dafür bereit, wie eine Gesellschaft mit Tätern umgehen könnte, die derart unfassliche Verbrechen zu verantworten hatten.[2] Ein solches Modell musste erst noch gefunden werden. Und zwar musste es gefunden werden, *während* Täter, Mitschuldige, Mitläufer, Unbeteiligte und Opfer *zusammen*lebten und aufeinander angewiesen waren. Täter, Mitschuldige, Mitläufer, Unbeteiligte und Opfer mussten sich auf bisher unbekannte und ungeübte Art, nämlich *demokratisch*, darüber verständigen, wie die unmittelbare, lebensbedrohliche Not (Kälte, Hunger, überstandene Lagerhaft, Gefangenschaft, Wohnungsmangel, Flüchtlingselend, Gewalttraumata) zu lindern sei, ohne dass sie auf die hierzu notwendigen umfassenden demokratischen Erfahrungen und belastbare Institutionen des Rechtsstaats oder der Zivilgesellschaft hätten zurückgreifen können. Ohne ein Modell übernehmen zu können, wie Gerechtigkeit gefunden und gelebt werden konnte. Die gesamte deutsche Bevölkerung musste lernen und dabei gleichzeitig so handeln, als hätte sie bereits gelernt. Es gab niemanden innerhalb des Landes, der außerhalb der Handlungsnot stand und von dieser moralisch integren Position aus hätte den Umgang regulieren können. Opfer und Täter und jene

---

[1] Adorno, Theodor W.: Erziehung nach Auschwitz [1966]. In: Adorno, Theodor W.: Erziehung zur Mündigkeit. Vorträge und Gespräche mit Hellmut Becker 1959–1969. Hg. v. Gerd Kadelbach. Frankfurt/M. 1975. S. 88–104. Hier S. 98f. (Hervorh. von mir, V.L.).

[2] In seiner Erzählung *Bergmilch* (1843) hatte Adalbert Stifter, anlässlich der Napoleonischen Kriege, dieses Problem gesehen: Ein in Diensten der Napoleonischen Armee stehender österreichischer Soldat unterläuft in seinen Handlungen den in Friedenszeiten gültigen Codex; Stifters Utopie sieht vor, dass der Täter, der im Befehlsnotstand handelte, sich entschuldigt: „Ich habe nur kurze Zeit, ich mußte Ihnen gestern Schreken und Gewalt anthun, damit wir heute die Früchte ernten. Wir haben sie geerntet, und sind im Vorrüken begriffen. Ich aber bin auf einen Augenblick gekommen, um mir Verzeihung einzuholen, daß ich von einer harten Kriegsregel Gebrauch gemacht habe, und ich bin auch gekommen, um die Bewohner allenfalls von einer Unannehmlichkeit, die ihnen mein Verfahren könnte zugezogen haben, zu befreien." (Stifter, Adalbert: Bergmilch [1843/1853]. In: Stifter, Adalbert: Bunte Steine. Bd. II. Pesth 1853. S. 211–264. Hier S. 263). Die Frauen im Haushalt versuchen dann, in einer Art Antizipation dessen, was man heute feministische Außenpolitik nennt, andere Werte in die Versöhnungsvorgang einzubringen. Es lagen also Modelle vor – allerdings nicht bezogen auf die Ungeheuerlichkeiten der Vernichtungskriegsführung der deutschen Wehrmacht und des von der deutschen Regierung verantworteten Massenmords.

große Gruppe dazwischen mussten angesichts der unmittelbaren Not *gemeinsam* Möglichkeiten finden, miteinander umzugehen. Solche Möglichkeiten eines demokratischen und gerechten Umgangs mussten in den 1950er Jahren erst gesucht und erprobt werden. Einen kontinuierlichen Lernprozess bei dieser Suche zu erwarten, widerspricht den Abläufen einer demokratischen Gesellschaft, deren öffentlich verhandelte Themen ebenfalls nicht, wie in totalitären Staaten (Hannah Arendt), von einem *kohärenten Kern* dominiert werden dürfen. Lernprozesse verlaufen nicht einmal im Individuum linear; wieso sollten sie dann in einer hochkomplexen Gesellschaft linear verlaufen? Und ein demokratischer Staat sollte sich nicht als Erziehungsstaat verstehen, der seinen erwachsenen Bürgern vorschreibt, wann und wie sie etwas zu lernen und zu diskutieren haben. Zu erwarten, dass die „Geschichte der Aufarbeitung des Nationalsozialismus" hätte „linear" verlaufen und einen „kohärenten thematischen ‚Kern' [haben sollen], der ihre Dynamik dominiert hätte"[1] – widerspricht daher der Auffassung einer im Sinne des Grundgesetzes freien Wissenschaft, die in ihren Themen nicht „dominiert" werden sollte, sondern in Interaktion mit gesellschaftlichen Akteuren ihre Themen und Methoden selbst suchen und bestimmen können muss. Die Vielfalt der Versuche in den 1950er Jahren, die im Folgenden systematisch und exemplarisch herausgearbeitet werden soll, ist – so die These – ein Indikator dafür, dass sich langfristig eine stabile Demokratie entwickelt hat, in der die Vergangenheit angemessen aufgearbeitet wurde.

(3) Das ästhetische Postulat: Strukturmerkmal ist zudem ein Kunstverständnis, nach dem die kulturellen Objektivationen (Kunst, Unterhaltungsindustrie) gattungsunabhängig die bereits als völlig verstanden vorausgesetzte Wirklichkeit proportional widerzuspiegeln habe. Kunst sei Spiegel der Wirklichkeit.

Wäre nicht auch denkbar eine Ästhetik, die der Kunst die Möglichkeit zuschreibt, bei den „Opfern anzusetzen […], daß an ihnen das Äußerste auf-

---

[1] Fischer, Torben; Lorenz, Matthias N.: Anlage und Benutzung. In: Fischer; Lorenz (Hg.): Lexikon der ‚Vergangenheitsbewältigung'. Bielefeld 2015 (3., überarb. u. erw. Aufl.). S. 15–17. Hier S. 15. Im Verlauf des Textes bestätigen die Autoren, dass „das Erinnern des Traumas nicht steuerbar ist" (S. 15) – so dass die oben zitierte eigene Erwartung durch sie selbst konterkariert wird. Die Fülle an ausgezeichnet recherchiertem Material in dem Buch belegt geradezu, dass von 1945 eine (auch quantitativ starke) Vergangenheitsbewältigung stattfand, in unterschiedlichen Arten allerdings, wie es typisch für freie Gesellschaften ist.

ginge, *ohne daß es thematisch würde*"[1]? Oder, wie es selbst der Unterhaltungsfilm weiß: „Aber die Moral ist, wenn sie echt ist, immer bedeckt"[2]. Ist es möglich, an Genres der Kulturindustrie zu analysieren, ob sie indirekt, unfreiwillig, unbewusst, durch ihre konsequente Immanenz genau das darstellen, was sie angeblich verschleiern: die Genese der Täter und die Leiden der Opfer?

Die nachstehende literaturwissenschaftliche Analyse[3] wird diesen letzten Weg gehen und an kulturindustriellen Details explizite Verweise auf das Gesamtproblem der Aufarbeitung von Vergangenheit aufzeigen. Sie folgt der Frage Adornos, wie die Verantwortlichen zur Sprache, „zum Reden zu bringen" wären; denn es sei, so Adorno, „anzunehmen, daß auch in diesen Personen, wenn man tief genug gräbt, Restbestände der alten, heute vielfach in Auflösung befindlichen Gewissensinstanz vorhanden sind."[4] Diese *Bestände an Gewissen* sind aufzuspüren. Dabei hilft ein besonderes literaturwissenschaftlich-hermeneutisches Verfahren, das sich ebenfalls der Kritischen Theorie verpflichtet weiß; es wird erprobt an Texten, die oft aus dem offiziellen Kanon der Literatur ausgeschlossen werden. Walter Benjamin hatte die Methode angedeutet: „Ganz elende Schriften haben mit ganz vorzüglichen dies gemein, ihr Wesen im Sprachlichen vollkommen offenkundig und präsent zu haben."[5] Adorno und Horkheimer entwickelten diesen Gedanken weiter:

---

[1] Adorno, Theodor W.: Offener Brief an Rolf Hochhuth [1967]. In: Adorno, Theodor W.: Gesammelte Schriften. Hg. v. Rolf Tiedemann […]. Bd. XI. Frankfurt/M. 1997. S. 591–598. Hier S. 595 (Hervorh. von mir, V.L.).

[2] Haller, Michael: Der Jugendrichter. Der Pauker. Den gleichnamigen Filmen mit Heinz Rühmann in der Hauptrolle nacherzählt. Rastatt in Baden 1960. S. 166.

[3] In seiner Promotion aus dem Jahre 1992 hat Manfred Kittel die politische Diskussion analysiert und dabei nicht nur gedruckte Quellen aus den Jahren 1945–1960 ausgewertet (die Bibliographie umfasst 17 Seiten), sondern auch Archive und andere indirekte Quellen genutzt, um zu der Feststellung zu kommen: „Die These von der ‚Verdrängung' des Nationalsozialismus ist eine Legende, die einer historischen Prüfung nicht standhält." (Druckfassung: Kittel, Manfred: Die Legende von der ‚Zweiten Schuld'. Vergangenheitsbewältigung in der Ära Adenauer. Berlin, Frankfurt/M. 1993. Klappentext). Dieser umfassenden Analyse der politischen Öffentlichkeit stellt meine Untersuchung eine Analyse dessen bei, was ich implizite Öffentlichkeit nennen möchte, die Analyse der alltäglichen Mentalitäten, der Alltagskultur. Weitere Literatur fortlaufend in den Fußnoten.

[4] Adorno: Erziehung nach Auschwitz. S. 99.

[5] Benjamin, Walter: Baudelaire unterm Stahlhelm [1931]. In: Benjamin, Walter: Gesammelte Schriften. Unter Mitwirkung von Theodor W. Adorno und Ger-

„Amusement, ganz entfesselt, wäre nicht bloß der Gegensatz zur Kunst sondern auch das Extrem, das sie berührt."[1] Der Literaturwissenschaftler Helmut Arntzen nahm Benjamins Hinweis auf die Sprache ernst und generierte damit eine methodische Grundlage literaturwissenschaftlichen Arbeitens durch Sprachkritik: Die Metaphern der Kulturindustrie entlarvten sich „im mißlingenden Gebrauch als Widerstand der Sprache gegen das Nichtgedachte" und zeigten das „Nichtgedacht[e] als Gedankenlosigkeit"[2], die alles das verrät, was es zu verschweigen galt.

Hier ein einleitendes Beispiel für die Methode: In einem Schlager aus dem Jahre 1956 ist zu hören: „Die Straße, die ich gehe, ist lang, so endlos lang/ Ich höre ferne Stimmen und folge ihrem Klang/ Auf der Straße der Vergessenen, da gibt es kein Zurück// Die Sterne, die ich sehe, sind fremd und ohne Licht/ Den Weg aus diesem Dunkel, den zeigen sie mir nicht." (Polydor 50 376) Werden mit diesen auf Brecht anspielenden[3] Versen die Vergessenen nicht zur Sprache gebracht und somit präsent? Das Lied wurde von Peter Kraus, dem Sonny-Boy des amerikanisierten deutschen Schlagers, gesungen. Er war Main-Stream. Adorno hatte gefordert: „Vor allem muß Aufklärung über das Geschehene einem Vergessen entgegenarbeiten, das nur allzu leicht

---

shom Scholem. Hg. v. Rolf Tiedemann u. Hermann Schweppenhäuser. Bd. III. Kritiken und Rezensionen. Hg. v. Hella Tiedemann-Bartels. Frankfurt/M. 1991. S. 303–304. Hier S. 303.

[1] Horkheimer, Max; Adorno, Theodor W.: Dialektik der Aufklärung. Amsterdam 1947. S. 169.

[2] Arntzen, Helmut: Metaphernbasis [1993]. In: Arntzen, Helmut: Sprache, Literatur und Literaturwissenschaft, Medien. Frankfurt/M. 2009. S. 40–43. Hier S. 43.

[3] Vgl. „Denn die einen sind im Dunkeln/ Und die andern sind im Licht./ Und man siehet die im Lichte/ Die im Dunkeln sieht man nicht." Brecht, Bertolt: Die Dreigroschenoper. In: Brecht, Bertolt: Gesammelte Werke in 20 Bänden. Hg. vom Suhrkamp Verlag in Zusammenarbeit mit Elisabeth Hauptmann. Bd. II. Frankfurt/M. 1967. S. 393–497. Hier S. 497. So lautete auch der Titel eines der frühen Kabarettstücke im Jahr 1951 von Peter Rühmkorf (zit. in: Rühmkorf, Peter: Die Jahre die Ihr kennt. Anfälle und Erinnerungen. Reinbek bei Hamburg 1972. S. 41). In einem *Spiegel*-Artikel (1956. H. 14) über den umstrittenen Chef im Bundeskanzleramt Hans Globke war zu lesen: „Durch die Ereignisse gezwungen, das bevorzugte Halbdunkel im Schatten des Kanzlers zu verlassen, sah sich Hans Globke sofort Angriffen ausgesetzt, deren Charakter die gleiche Wandlung durchgemacht hatte." Zit.: https://www.spiegel.de/politik/boese-erinnerungen-a-ef2aa1ad-0002-0001-0000-000031882318?context=issue. Das Sprachbild war präsent.

mit der Rechtfertigung des Vergessenen sich zusammenfindet"[1]. Genau dies thematisiert das Lied. Es *erinnert* gegen den Wunsch des Vergessenwollens die öffentlich Vergesenen. Das Wissen um die Opfer wurde nicht verdrängt.

5. Memoiren und Erinnerungen

Wollte die ältere Generation vergessen und schwieg deshalb? Der frühere Essener Journalist Rolf Michael Simon (*1947) berichtet, was sich mit den Erinnerungen des Verfassers (*1953) deckt:

„Bei uns daheim wurde [...] viel über die Jahre 1933–1945 gesprochen. Über Bombenkrieg etc. Möglicherweise auch, weil mein Bruder Jg. 1931 war und meine Eltern mehr oder weniger bewusst schon WK I erlebt hatten. Der jüngere Bruder meiner Mutter war lange in Russland und hat sich davon nie mehr psychisch wie physisch erholt, ist mit 52 gestorben; ein weiterer Onkel hatte ebenfalls in Russland Arm und Bein verloren (ist trotzdem 97 geworden...). Auch Judenverfolgung wurde thematisiert, Massenmord [...] weniger. Und nicht zuletzt war mein Jahrgang [...] mit Trümmern und Trümmergrundstücken konfrontiert. Schließlich – mein Thema im mündlichen Abitur am 4.11.1966 (1. NRW-Kurzschuljahr): ‚Zu welchem Zeitpunkt und durch welche Maßnahmen halten Sie den Ausbau des totalitären Staates durch Hitler für vollendet?' Das wäre nicht möglich gewesen, wenn die Elterngeneration nur geschwiegen hätte."[2]

In seiner Autobiographie aus dem Jahre 2011 erinnert der Folksänger Oskar Kröher (1927–2016), wie schwer für ihn unmittelbar nach dem Krieg die „Bewältigung der Vergangenheit" war – und beschreibt ausführlich die Art und Weise der Trauerarbeit, seine Wandlung vom gutgläubig-fanatisierten Mitläufer, der nach 1945 nicht glauben will, was langsam deutlich wird, zum Kritiker und künftigen linken Liedermacher (*Hein & Oss*): „Der Absturz [...] lässt sich nur durch unsere jugendliche Tatkraft einigermaßen bewältigen"[3].

Die Memoiren der Eltern-Generation, besonders der Täter, wurden, in ihrer zu erwartenden Ambivalenz, in den 1950er Jahren sprichwörtlich. Darunter auch solche, die hemmungslos von sich sprechen wollten. So schreibt der Historiker Wilhelm Alff in der Zeitschrift *Aufklärung* 1952 anlässlich von Alfred Anderschs stark rezipierten Erinnerungen seiner Desertion:

„Über das Leben im deutschen Machtbereich zwischen 33 und 45 haben wir die Memoiren der Diplomaten, Generäle und Offizialstatisten. Je jünger deren

---

[1] Adorno: Aufarbeitung. S. 24.
[2] Simon, Rolf Michael: Mitteilung per Mail vom 26.11.2021.
[3] Kröher, Oskar: Auf irren Pfaden durch die Hungerzeiten. Merzig 2011. S. 114.

Erscheinungsdatum, um so kurzschlüssiger geht in ihnen das Bedürfnis nach Rechtfertigung in das nach Rechtgehabthabenwollen über. Wir haben die Erinnerungen der im Lande gebliebenen Gegner des Dritten Reiches, die Berichte von Deutschen und Ausländern über die Konzentrationslagerwelt. Dann gibt es die Bekenntnisse einer gegen Ende des Krieges erst mündig werden Generation […]."[1]

Gibt man in den einschlägigen Antiquariatsportalen die Begriffe „Erinnerungen/Memoiren" und zudem den Filter „Erstauflage 1950–1960" ein, erhält man zwischen 350 und 600 Titelangaben. Jede Woche ein Buch.

Die Fragen stellen sich nun etwas anders: Haben alle geschwiegen? Haben alle gleich geschwiegen? Was meint überhaupt „Schweigen"? Wer aus der älteren Generation hätte wie und wo reden sollen? Zu Beginn des Ersten Weltkrieges hatte Karl Kraus formuliert: „Wer etwas zu sagen hat, der trete vor und schweige!"[2] Ist das Schweigen der Täter nicht eine angemessene Form der Scham? „Am Schlusse des letzten Weltkrieges […] stand, einige Tage wenigstens, das Schweigen mächtig da. Keine Worte wurden mehr gesagt über den Krieg, sie wurden, ehe sie gesagt waren, vom Schweigen weggesogen, das Schweigen war mehr und intensiver als selbst alle Greuel."[3] Dies schreibt Max Picard 1948.

6. Der Blick nach vorn

Die immer wieder kritisierte Haltung, wie sie auch bei Oskar Kröher anklingt, war der erinnerungslose Blick nach vorn.[4] Und in der Tat: Mona

---

[1] Alff, Wilhelm: Zwischen Gefangenschaft und Gefangenschaft. In: *Aufklärung*. 18. Oktober 1952. Zit. in: Materialien zu *Die Kirschen der Freiheit von Alfred Andersch*. Hg. v. Winfried Stephan. Zürich 2002. S. 69–73. Hier S. 69. Die in diesem Buch dokumentierte breite und kontroverse Rezeption von Anderschs autobiographischem Text belegt, wie gerne in den 1950ern *öffentlich* über die richtige Art des Erinnerns debattiert wurde.

[2] Kraus, Karl: In dieser großen Zeit. In: Die Fackel 16 (1914). H. 404. S. 1–19. Hier S. 2.

[3] Picard, Max: Die Welt des Schweigens [1948]. Frankfurt/M., Hamburg 1959. S. 57.

[4] Adorno (Vergangenheit. S. 10) hatte allerdings die Berechtigung der Frage betont: „Man will von der Vergangenheit loskommen: mit Recht, weil unter ihrem Schatten gar nicht sich leben läßt, und weil des Schreckens kein Ende ist, wenn immer nur wieder Schuld und Gewalt mit Schuld und Gewalt bezahlt werden soll; mit Unrecht, weil die Vergangenheit, der man entrinnen möchte, noch höchst lebendig ist."

Baptiste und Bully Buhlan sangen 1954: „Mir ist so komisch zumute,/ ich ahne und vermute/ Heut liegt was in der Luft,/ ein Duft,/ der *lockend ruft/ Der liegt heut in der Luft.*" (Polydor 22 246; Hervorh. von mir, V.L.). Man will, so scheint es, vergessen, um endlich wieder handeln zu können, angelockt von einer verheißungsvollen Zukunft, man will mit dem neuen Duft den alten Leichengeruch verdrängen. Allerdings umschloss die letzte Zeile den Titel einer Filmkomödie (*Es liegt was in der Luft*, 1950, Regie: E. W. Emo), in der ein *Wahrheitsserum* die handlungstragende Rolle spielt. So wird das scheinbar eindeutige Bild plötzlich mehrdeutig: Man sehnt sich – in der Zeit der Ausreden, Lügen und politischen Märchen – offensichtlich danach, die Wahrheit zu erfahren. „Was er verspricht,/ das soll immer wahr sein", singt 1953 Alice Babs in dem Schlager *Ein Mann muß nicht immer schön sein* (Polydor 49 452B), und Peter Alexander wiederholt es 1956 im gleichnamigen Film. Das Wahrheitsversprechen wiederum bestärkt der Refrain eines anderen Schlagers genauer, den Peter Alexander im gleichen Jahr in dem Film *Musikparade* vorträgt: „Ich weiß was/ ich weiß was/ ich weiß, was dir fehlt,/ ein Mann, der dir keine/ Märchen erzählt."[1] Nicht das Schweigen wird berufen, sondern die Ahnung einer anderen Zukunft und die Suche nach der Wahrheit.

7. Sachbücher

Bedeutsames Wissen über die Jahre 1933–1945 wurde nach 1945 sogleich in Fach- und Sachbüchern publiziert, und das, obwohl man eingestehen musste, dass für die Zeit seit 1933 „die Quellen noch sehr trübe fließen. Die zahlreichen Memoiren und politischen Aktenpublikationen sind noch wilde Gewässer, und der Historiker weiß am besten, wie unsicher sein Urteil bleiben muß, wenn er nicht aus guten Quellen schöpfen kann."[2] Trotz dieser Warnung eines linksliberalen Historikers bemühten sich Wissenschaft und Journalismus um quellensichere Darstellungen: Bereits 1953 liegt eine dann auch vom *Bundesministerium für Verteidigung* für die Weiterbildung im Bereich *Innere Führung* übernommene Monographie über die Jahre 1933–1945 vor, die die Fakten deutlich benennt, mit Zahlen belegt und durch Abbildungen

---

[1] Hügel; Zeisler (Hg.): Die süßesten Früchte. S. 18.

[2] Rassow, Peter: Nachwort. In: Mau, Hermann; Krausnick, Helmut: Deutsche Geschichte der jüngsten Vergangenheit 1933–1945. Mit einem Nachwort von Peter Rassow. Sonderausg. des Bundesministeriums für Verteidigung in der Schriftreihe ‚Innere Führung'. o. O. o. J. [Original: Stuttgart 1953]. S. 201–203. Hier S. 201.

evident macht: „Der in der SS gepflegte Geist des Herrentums aber führte allmählich zum Verzicht auf alle menschlichen Rücksichten gegenüber der jeweiligen Umwelt."[1]

Max Picard versperrte sogleich 1946 die Möglichkeit, die eigene Schuld durch den Verweis auf den alleinschuldigen Hitler abzugeben: *Hitler in uns selbst*.[2] In dem schon 1942 in London auf Englisch und dann ab 1946 in Deutschland bei verschiedenen Verlagen immer wieder veröffentlichten „Bericht" *Ob tausend fallen* hatte Hans Habe formuliert: „In einer Welt zu leben, in der Hitler regierte, wäre sinnlos gewesen."[3] An themenspezifischen Sachbüchern[4] zu erwähnen ist auch Erich Kubys Buch über *Das Ende des Schreckens: Dokumente des Untergangs Januar bis Mai 1945* (1956). Diese populären Beispiele, Bücher in hoher Auflage, sollen genügen. Über die Quantität des *Nicht*-Verdrängens klärt die Statistik auf: Gibt man einschlägige Stichworte in die Suchmaschinen des Katalogs der Deutschen Nationalbibliothek oder des Antiquariatsverzeichnisses ZVAB mit dem Zusatz „Erstdrucke" und der Datumsangabe „zwischen 1945 und 1965" ein, erhält man folgende Ergebnisse: *Faschismus*: 21 (ZVAB: 279), *Antisemitismus*: 25 (ZVAB: 159), *Hitler*: 48 (ZVAB: 679), *Nationalsozialismus*: 130 (ZVAB über 1000), *Konzentrationslager*: 673 (ZVAB: 162), *Weltkrieg*: 922 (ZVAB: 2400). Auch wenn man Doppelnennungen berücksichtigt, zeigt sich, dass über die bedrängenden Themen viel publiziert wurde. In dieser Statistik sind nicht erfasst die Rezensionen dieser Bücher (sodass die Thematisierungen noch verdoppelt werden müssen), Zeitschriften- und Zeitungsbeiträge, Rundfunk- und Fernsehbeiträge und Dokumentation. Wer sich in den Jahren 1945–1965 über die Zeit 1933–1945 informieren wollte, konnte sich informieren und fand ein reichhaltiges Angebot vor, statistisch betrachtet an jedem zweiten Tag ein Text – allein an Sachliteratur. Da die Bücher verkauft wurden, müssen sie auch gekauft worden sein; dass sie gelesen wurden, mag sich daran zeigen, dass die angebotenen Exemplare durchweg „Gebrauchsspuren" aufweisen, wie die Anbieter im ZVAB vermerken.

---

[1] Mau, Hermann; Krausnick, Helmut: Deutsche Geschichte der jüngsten Vergangenheit 1933–1945. Mit einem Nachwort von Peter Rassow. Sonderausg. des Bundesministeriums für Verteidigung in der Schriftreihe ‚Innere Führung'. o. O. o. J. [Original: Stuttgart 1953]. S. 162.

[2] Picard, Max: Hitler in uns selbst. Erlenbach 1946.

[3] Habe, Hans: Ob tausend fallen. Ein Bericht [1942]. Zit.: Bergisch-Gladbach 1976. S. 168.

[4] Vgl. die zahlreichen bibliographischen Angaben in: Kittel: Die Legende. Passim.

Berühmt wurde 1946 Eugen Kogon mit seinem Buch *Der SS-Staat. Das System der deutschen Konzentrationslager*. Kogon weist dabei auf etwas hin, was bis heute aktuell bleiben sollte: auf die vom Nationalsozialismus zerstörte deutsche Sprache: „Der Nationalsozialismus hat nicht nur die Menschen, sondern auch die Sprache vergewaltigt. [...] Darüber hinaus haben die Nationalsozialisten aber ein wahres *Kauderwelsch* militärisch-zackigen Klanges geschaffen: ‚Reichsführer-SS', ‚Reichsarzt SS und Polizei', ‚Leitender Arzt KL' ist sprachlich Blödsinn, eine Art Kopfjägerdialekt."[1] Der Hinweis auf die kontaminierte Sprache war nicht nur in der Literatur[2] ein großes Thema: Er sei, schreibt Golo Mann in seinem Aufsatz *Über Antisemitismus* (1961), „was man in dem *Kauderwelsch*, das hier vor einigen Jahren noch herrschte", ein „Mischling" genannt worden.[3] Der Jazzkritiker Joachim Ernst Berendt sah, dass die Sprache Bedeutungszusammenhänge in einzelnen Worten transportieren konnte. Sprachkritik wird ihm zur Kritik am falschen Denken und Handeln: „Wenn die Anschauungen, die einer von ‚Neger', ‚Urwald', ‚Rasse', ‚Würde' und ähnlichen Dingen hat, dem [Ergebnis einer sachlichen Prüfung des Jazz] widersprechen, so sollte man sich überlegen, ob es nicht vielleicht an den [eigenen, falschen] Anschauungen liegt."[4]

Von nun an gilt, dass der Nationalsozialismus so lange als Ursache von Mord und Zerstörung *erinnert* wird und im Bewusstsein präsent *ist*, wie die zeitgenössische Sprache und das Sprachbewusstsein dies bemerken. Erinnerung ist zugleich Sprachkritik. Die Erinnerung und Mahnung an die Zeit können nicht verlöschen, wenn das Sprachbewusstsein aufmerksam ist. In der Zeitschrift *Die Wandlung* waren von 1945–1948 Artikel von Dolf Sternberger, Gerhard Storz und Wilhelm Emanuel Süskind zur Sprache des Nationalsozialismus veröffentlicht worden. 1957 sahen sich die Autoren auf Grund des nicht nachlassenden Interesses an den Texten ermutigt, die Artikel überarbeitet zu einem Buch zusammenzufassen, mit einer aufschlussreichen Begründung:

---

[1] Kogon, Eugen: Der SS-Staat. Das System der deutschen Konzentrationslager [1946]. Zit.: München 1979. S. 63 (Hervorh. von mir, V.L.).

[2] Vgl. Widmer, Urs: 1945 oder die „Neue Sprache". Studien zur Prosa der „Jungen Generation". Düsseldorf 1966 (= Diss. Basel 1965).

[3] Mann, Golo: Über Antisemitismus [1960]. In: Mann, Golo: Geschichte und Geschichten [1961]. Frankfurt/M. 1972. S. 169–201. Hier S. 169 (Hervorh. von mir, V.L.).

[4] Berendt, Joachim-Ernst: Der Jazz. Eine zeitkritische Studie. Stuttgart 1950. S. 7.

„Das Wörterbuch des Unmenschen ist das Wörterbuch der geltenden deutschen Sprache geblieben [...], namentlich wie sie im Munde der Organisatoren, der Werber und Verkäufer, der Funktionäre von Verbänden und Kollektiven aller Art ertönt. Sie alle haben [...] ein Stück vom totalitären Sprachgebrauch geerbt, an sich gerissen, aufgelesen oder sonst sich zugeeignet [...] der eine totale Unmensch lebt in tausend partikularen Unmenschlein fort"[1].

Der noch alltägliche Faschismus wird akribisch nachgewiesen, 1957 und fünf Jahre später noch einmal in einem dtv-Taschenbuch. Berühmt wird Alfred Anderschs Weigerung, Hitlers Namen auszusprechen[2]; sprachkritisch arbeitete schon Wolf von Niebelschütz in seinem Roman *Der blaue Kammerherr* (1949): Um die befreiend-vernichtende Dialektik von Vernunft und Aufklärung in ihrer neuzeitlichen Entstehung aufzuspüren, lässt er in seinem historischen Roman die Gestalten des Jahres 1732 im Nazi-Jargon des 20. Jahrhunderts sprechen – ein erhellender Anachronismus und eine Bestätigung der oben genannten sprachkritischen Bemerkungen. „Hast du mir denn gar nichts mehr zu sagen/ als das kleine dumme Wort: Vorbei?!", fragt 1952 der Schlager *Dreh' dich noch einmal um.*[3] Es ist nichts „vorbei"; es ist alles in der Sprache aufbewahrt, in den kleinen dummen Worten.

8. Die keineswegs *schöne* Belletristik

1968 erschien der vierte Band der 20-bändigen *Brockhaus*-Enzyklopädie. Unter dem Lemma „Deutsche Literatur" ist zu lesen:

„Um die Gewissenskonflikte unter dem Nationalsozialismus kreist C. Zuckmayers Erfolgsstück ‚Des Teufels General' (1945). Von der Schreckenswelt der Konzentrationslager berichtet E. Wiecherts ‚Der Totenwald' (1945). Noch nach Jahren bleiben der Krieg und die Zeit unmittelbar danach ein Hauptthema der Erzählung (Th. Plievier, gest. 1955, Gerd Gaiser, H. Hartung, C. Hohoff, H.W. Richter, W. Heinrich., R. Krämer-Badoni, G. Ledig, H. Gerlach., J. Rehn, G. Zwerenz). In Zusammenhang damit steht *die unsühnbare Schuld den Juden gegenüber* (A. Goes: ‚Das Brandopfer', 1955) [...] Von der gequälten Kindheit

---

[1] St[ernberger, D[olf]: Vorbemerkung 1957. Zit. nach: Sternberger, Dolf; Storz, Gerhard; Süskind, Wilhelm Emanuel: Aus dem Wörterbuch des Unmenschen. München 1962. S. 10–11. Hier S. 10.

[2] Zu Andersch: Atze, Marcel: „Unser Hitler". Der Hitler-Mythos im Spiegel der deutschsprachigen Literatur nach 1945. Göttingen 2003. S. 390, Fußnote 65.

[3] Hügel; Zeisler: Die süßesten Früchte. S. 16.

eines jungen jüd. ‚Mischlings' unter den Nationalsozialisten erzählte die Österreicherin Ilse Aichinger."[1]

Keinen der sich zur *Gruppe 47* zählenden Autoren gebe es, so 1962 ihr Gründer Hans Werner Richter, der sich bis dahin nicht mit den Jahren 1933–1945 kritisch auseinandergesetzt hätte: „Ihre Absicht ist nur aus dem Zusammenbruch des Dritten Reiches und aus der Atmosphäre der ersten Nachkriegsjahre zu erklären. Sie wollten unter allen Umständen und für alle Zukunft eine Wiederholung dessen verhindern, was geschehen war [...]. Sie hielten die deutsche Literatur und Publizistik nicht für schuldlos an dem Geschehenen."[2] Diese *Absicht* kann schwerlich aus heutiger Sicht danach beurteilt werden, inwieweit ihre *Durchführung* „zutiefst ambivalent [...]"[3] gewesen sei. Gerade der Hinweis, dass bedeutende Mitglieder der *Gruppe 47* in Nazi-Organisationen tätig gewesen waren, belegt, dass im Miteinander ein *Lernprozess* ausgelöst worden war – was wäre denn anderes zu fördern gewesen als eine Gemeinschaft, in der Verfolgte wie Paul Celan, Hans Mayer und Marcel Reich-Ranicki sowie ehemalige Mitglieder von Nazi-Organisationen miteinander ins Gespräch kamen?

Zu erwähnen sind exemplarisch weiter Wolfgang Koeppen mit seiner kategorischen Kritik: „Vergessen sind die Toten, vergeben ist den Mördern"[4]; Arno Schmidt (*Leviathan*, 1947) sowie die große Gruppe der Exilautoren.[5] Weiter ist Theodor Plievier mit gleich drei umfangreichen Kriegs-Bänden (*Stalingrad*, 1945; *Moskau*, 1952; *Berlin*, 1954) zu nennen – und sie wurden gelesen: Als das Werk in drei Bänden erscheint, „fressen wir es förmlich auf"[6]. Dabei nutzen die literarischen Texte Formen der Beschreibung (Hans Erich Nossack: *Der Untergang*, 1948) ebenso wie modellhafte (Hermann

---

[1] N.N.: Deutsche Literatur. In: Brockhaus Enzyklopädie in zwanzig Bänden. Vierter Band CHOD–DOL. Wiesbaden 1968 (17., völlig neu bearb. Aufl.). S. 521–544. Hier S. 542 (Hervorh. von mir, V.L.).

[2] Richter, Hans Werner: Fünfzehn Jahre. In: Almanach der Gruppe 47 / 1947–1962. Hg. v. Hans Werner Richter. Reinbek bei Hamburg 1962. S. 8–14. Hier S. 8.

[3] Braese, Stephan: Gruppe 47. In: Fischer; Lorenz (Hg.): Lexikon der ‚Vergangenheitsbewältigung'. S. 116–119. Hier S. 119.

[4] Koeppen, Wolfgang: Wahn. In: Weyrauch, Wolfgang: Ich lebe in der Bundesrepublik. Fünfzehn Deutsche über Deutschland. München o. J. [1960]. S. 32–36. Hier S. 34.

[5] Vgl. zur Rezeption nach 1945: von der Lühe, Irmela; Krohn, Claus-Dieter (Hg.): Fremdes Heimatland: Remigration und literarisches Leben nach 1945. Göttingen 2005.

[6] Kröher: Auf irren Pfaden durch die Hungerzeiten. S. 98.

Kasack: *Die Stadt hinter dem Strom*, 1949) oder historisch komplexe Analysen (Wolf von Niebelschütz: *Der blaue Kammerherr*, 1949).

In ihrer populären, 1961 und 1962 erneut als Originalausgabe im Taschenbuch aufgelegten Literaturgeschichte zitieren Hermann Glaser, Jakob Lehmann und Arno Lubos in einem Resümee über das Hörspiel, einer der wichtigsten Gattungen der 50er Jahre, Ingeborg Bachmanns Satz „Nicht singen, sondern handeln" und fahren fort: Den „Menschen aufzurütteln und zu einer Aktion Richtung Zukunft aufzurufen"[1] – das versuche die Literatur des letzten Jahrzehnts: „‚ Wer soll's denn sonst tun, wenn nicht ihr, die Jungen selber!'", fragt auffordernd ein Vertreter der älteren Generation im Skript zum Film *Der Jugendrichter*[2]. Und dem Vorwurf, nur konservative Autoren schrieben in den 1950er Jahren, entgegnet Martin Beheim-Schwarzbach,

> „daß ich von politisch nach rechts ausgerichteten, also zum Faschismus tendierenden Autoren eigentlich sehr wenig oder gar nichts bemerke. [...] Was von Frontsoldaten-Kämpferbünden [...] und ihren Blättern oder noch bestehenden SS-Verbänden an Gezeter ausgeht, hat doch mit Literatur überhaupt nichts zu tun. [...] Ich wüßte dabei keinen heutigen Dichter, ja keinen einzigen, der Herrn Adenauer ausdrücklich bejahte, das heißt ihn priese oder gar Gedichte auf ihn macht ...*(Gelächter)*... [...]."[3]

Mehrerlei ist bemerkenswert: Die Literatur der Väter zwischen 1945 und 1960 ist offensichtlich von den Zeitgenossen als *durchweg* kritisierende Literatur wahrgenommen worden; als Literatur sowohl gegen eine sich falsch entwickelnde Kanzler-Demokratie als auch gegen eine mangelnde Entnazifizierung. In ihr finden Gedächtnis und Aufarbeitung statt. Die vorhandene affirmative Literatur wird deutlich als solche identifiziert, durch ihre personale Genese erklärt und schließlich kritisiert. Vor dem Vergessen wird explizit gewarnt.

1950 erschien *Das Tagebuch der Anne Frank*, später dann mit einem Vorwort von Albrecht Goes. Es gehörte schon in den 1950ern zu den in der Bundesrepublik Deutschland meistverkauften Taschenbüchern und meistaufgeführten Bühnenstücken.[4]

---

[1] Glaser, Hermann; Lehmann, Jakob; Lubos, Arno: Wege der deutschen Literatur. Eine geschichtliche Darstellung. Frankfurt/M., Berlin 1962 (wesentlich erw. Aufl.). S. 368.

[2] Haller: Jugendrichter/Pauker. S. 114.

[3] Beheim-Schwarzbach, Martin: [Redebeitrag]. In: Schriftsteller: Ja-Sager oder Nein-Sager? Das Hamburger Streitgespräch deutscher Autoren aus Ost und West. Das vollständige Tonbandprotokoll. Zeichnungen von Paul Flora. Hamburg 1961 (das aktuelle thema. Bd. VII). S. 85f., so im Original.

[4] Scholz, Stephan: „Seltsamer Triumphzug". Zu den Ursachen des bundesdeutschen Erfolges des „Tagebuches der Anne Frank" in den 1950er Jahren. In:

Zu erwähnen ist auch ein anderer Bestseller, der autobiographische Bericht mit dem Titel *Der Fragebogen* (1951) des wegen Beihilfe zum Mord zu fünf Jahren Zuchthaus verurteilten Rowohlt-Lektors Ernst von Salomon (Aufl. März 1951–August 1952: 200.000; Übersetzungen in Frankreich (1953), Großbritannien und Italien (1954), USA und Spanien (1955)). Er gab öffentlich die Perspektive rechtskonservativer Kreise auf die jüngste Geschichte wieder und löste durch seine später als Verharmlosung, Entschuldung, Vertauschung von Opfer- und Täterrolle und Aufrechnungslogik, also der Gleichsetzung von Nationalsozialismus und Reeducation[1] rezipierte Darstellung eine umfangreiche Debatte aus. Allerdings ist über die Nazizeit notiert: „Das Beste und Wertvollste in mir, das ist tot. Das haben sie totgemacht."[2]

Diese Auflistung ist grob unvollständig, aber es deutet sich jetzt schon an, dass die 50er Jahre in der deutschsprachigen Literatur eine Zeit waren, in der die „Wucht des Erlebten [...] Prosa und Lyrik der jungen Schriftsteller [formte] und ihnen eine merkwürdige Radikalisierung der Frage- und Themenstellung auf[zwang]"[3], wie Klaus Th. Guenter 1961 konstatierte. Dass sich in einer Demokratie vielfältige Stimmen präsentieren, ist kein Grund zur Besorgnis, sondern Sinn der Demokratie. Wenn überhaupt, dann ist die Bereitschaft zu Selbstklärung und Selbstkritik, zu Aufklärung und Kritik zumindest für die Schöne Literatur, ein Epochenmerkmal der Jahre ab 1945.

9. Die nicht nur amüsante Unterhaltungsliteratur

Ein ähnliches Bild zeigt sich in der sogenannten Unterhaltungsliteratur, deren aufklärerische Bedeutung für die 1950er Jahre schon von Dieter Lattmann

---

  Geschichte in Wissenschaft und Unterricht 62 (2011). H. 1/2. S. 77–91. Für Adorno (Aufarbeitung. S. 26) ist die Anne Frank-Rezeption ein „Potential des Besseren": „Das Vertrackte solcher Beobachtungen bleibt, daß man nicht einmal um ihretwillen Aufführungen des Anne Frank-Stücks, und Ähnlichem, widerraten kann, weil ihre Wirkung ja doch, so viel einem daran auch widerstrebt, so sehr es auch an der Würde der Toten zu frevlen scheint, dem Potential des Besseren zufließt."

[1] Salomon, Ernst von: Der Fragebogen. Hamburg 1951. S. 538: „Hier geht es doch um einen Streit über gültige Ordnungen!"

[2] Salomon: Fragebogen. S. 538.

[3] Guenter, Klaus Th.: Protest der Jungen. Eine kritische Würdigung aus den eigenen Reihen. München 1961. S. 137.

gewürdigt wurde.¹ Dies gilt für Josef Martin Bauer (*So weit die Füße tragen*, 1955), Willi Heinrich (*Das geduldige Fleisch*, 1955 – ein Weltbestseller) oder für Heinz Konsaliks Russland-Romane. Hans Helmut Kirsts *08/15*-Trilogie, eine merkwürdige Mischung aus humoristischer Leidensbeschreibung des einfachen Soldaten, war ein „marktbeherrschendes Ereignis"[2]. Eine große Bedeutung hatte Johannes Mario Simmel, in dessen Romanen nationalsozialistische Täter oft ihrer grausigen Taten überführt werden (*Mich wundert, dass ich so fröhlich bin*, 1949; *Der Schulfreund*, 1959; *Es muss nicht immer Kaviar sein*, 1960). In dem selbst in Buchclubs und Leseringen verkauften Roman *Affäre Nina B.* (1958) erzählt Simmel von dem Geschäftsmodell der Hauptperson, NS-Täter mit dem bisher unentdeckten Wissen um ihre Verbrechen, die auch geschildert werden, zu erpressen. Die Verbrecher verteidigen sich in Worten, die Adorno später zur Charakterisierung des falschen Bewusstseins nutzen wird: „Soll denn nicht endlich einmal Schluß sein? Ich denke doch, es ist hoch an der Zeit, endlich einen Strich unter die Vergangenheit zu ziehen."[3] Und Simmel erinnert jenen Gedanken aus Erich Kästners *Fliegendem Klassenzimmer* (Buch: 1933/Film: 1954), wenn er schreibt: „Wenn ein Verbrechen geschieht, dann sind nicht nur die daran schuld, die es begehen, sondern auch die, die es dulden."[4]

Aber zumindest das „Genre der trivialen Kriegsromane, das sich insbesondere in den fünfziger Jahren großer Beliebtheit erfreute", habe doch „Propaganda für die kriegerische Auseinandersetzung" betrieben?[5] So würde der „Luftkrieg als [ein] Abenteuer"[6] dargestellt, das eine „historisch in dieser Form nicht gerechtfertigte Trennung von Politik und Militär" vornahm: Die

---

[1] Lattmann, Dieter: Stationen einer literarischen Republik. In: Lattmann, Dieter (Hg.): Die Literatur der Bundesrepublik Deutschland. Zürich, München 1973 (2., durchges. Aufl.). S. 10–140.

[2] Lattmann: Stationen einer literarischen Republik. S. 100.

[3] Simmel, Johannes Mario: Affäre Nina B. [1958]. Zit.: Gütersloh o. J. S. 163. Vgl. Adorno: Aufarbeitung. S. 10: „Sondern man will einen Schlußstrich darunter ziehen und womöglich es selbst aus der Erinnerung wegwischen."

[4] Simmel: Affäre. S. 288. Vgl.: „An allem Unfug, der geschieht, sind nicht nur die Schuld, die ihn begehen, sondern auch diejenigen, die ihn nicht verhindern." (Kästner, Erich: Das fliegende Klassenzimmer. Ein Roman für Kinder. Zürich 1976 (129. Aufl.). S. 95).

[5] Seeßlen, Georg; Kling, Bernt: [Art.:] Landserhefte. In: Seeßlen, Georg; Kling, Bernt: Unterhaltung. Lexikon zur populären Kultur. Bd. I. Reinbek bei Hamburg 1977. S. 271–273. Hier S. 271.

[6] Vgl. Kühn, Dieter: Luftkrieg als Abenteuer: Kampfschrift. München 1975, nach einer Artikelserie in der Wochenzeitung *Die Zeit*.

„Kaste der Krieger" sei einem „Moralkodex des ‚anständigen' Tötens verhaftet und erleb[t]en den Krieg als Form der Selbstverwirklichung." Der Landser werde nicht als „Opfer, als Betrogener" dargestellt, sondern als „Werkzeug einer aggressiven Großmachtpolitik", wobei der Krieg als etwas verstanden worden sei, das es „immer schon gegeben" habe.[1] Wie um diese Kritik zu bestätigen, begründete ein Oberstleutnant a. D. Erich Raddatz im *Spiegel*[2] den Wert der *Landser-Hefte* damit, dass „nach den vielen Jahren der Diffamierung des anständigen Soldaten" nun 1959 eine neue Sichtweise angebracht sei.[3] Aber ist nicht bemerkenswert, wie der Oberstleutnant die 50er Jahre erlebt hat – als Jahre der Kritik, der Diffamierung? Also gerade nicht als Jahre des Schweigens oder der Verharmlosung.

Zugleich formierte sich in den 1950ern eine deutliche Kritik an nachweislichen Verharmlosungen in dieser Heftchen-Literatur: Die gesamte Reihe ziele auf die „charakteristische Begeisterungsfähigkeit" der Jugend, es liege der „Tatbestand der Verherrlichung" von Krieg und Gewalt vor.[4] Auch hier ist zu beobachten, dass der Krieg nach den vielen Jahren nicht verdrängt wurde; er sollte vielmehr präsent bleiben, wie – das war heftig umstritten. Die versuchte Verharmlosung wird aber sofort sachlich und gründlich kritisiert. Hätte man die Hefte der Zensur unterwerfen sollen, wie Detlev Hohn[5] es fordert?

Damals erschienen alle 14 Tage die *Anker*-Hefte (1954–1959, 95 Hefte), *Soldatengeschichten aus aller Welt* (1957–1964, 202 Hefte), *SOS – Schicksale deutscher Schiffe* (1953–1960, 200 Hefte) oder die von ehemaligen Piloten verantworteten *Fliegergeschichten* (1953–1961, 206 Hefte). In den Berichten werden, schnoddrig und sarkastisch, Welt- und besonders Zivilisationsverachtung zur Schau gestellt, eine Haltung, deren Tradition in der Lebensphilosophie, der nationalistisch akzentuierten Reformbewegung etwa bei Julius Langbehn oder Paul Schultze-Naumburg zu Beginn des 20. Jahrhunderts zu suchen ist und in der nationalsozialistischen Ideologie militarisiert und wirkmächtig wurde: Diese Deutung war daher keineswegs typisch für die 50er Jahre. Sie ist kein Epochenmerkmal. Bis in die 1980er Jahre wird

---

[1] Alle Zitate: Seeßlen; Kling: Landserhefte. S. 271–272.

[2] N.N.: Aus allen Rohren. In: Der Spiegel 12 (1959). H. 43 (20.10.1959). Zit.: https://www.spiegel.de/politik/aus-allen-rohren-a-182f7c82-0002-0001-0000-000042622991.

[3] N.N.: Aus allen Rohren. Ebd.

[4] Lamprecht, Helmut: teenager und manager. Bremen 1960. S. 67.

[5] Hohn, Detlev: Auch wir waren dabei. Ostern 1968 in Hamburg. Norderstedt 2013. S. 26.

diese Geschichtsdeutung popularisiert, etwa in den satirisch gemeinten Sachbüchern voll „neckisch verplauderter Historie und völkisch-bildungsbürgerlichem Ressentiment"[1] von Joachim Fernau. Zu nennen sind seine Best- und schließlich Longseller *Deutschland, Deutschland über alles ...* (1952), *Abschied von den Genies. Die Genies der Deutschen und die Welt von morgen* (1953), *Disteln für Hagen* (1966)[2] und sein USA-Buch (1977), das die europäische Kultur gegen die amerikanische Zivilisation ausspielt. Mit dem letzten Buch nimmt er ironischerweise den seit Ende der 1960er Jahre beliebten linken Anti-Amerikanismus auf[3]. Der überaus erfolgreiche

---

[1] Becker, Rolf: [Rez.:] Deutsche Seele. Joachim Fernau: ‚Halleluja. Die Geschichte der USA'. Herbig, München; 320 Seiten; 24,80 Mark. In: Der Spiegel 30 (1977). H. 36 (28.08.1977). Zit.: https://www.spiegel.de/kultur/deutsche-seele-a-46453ce5-0002-0001-0000-000040749216.

[2] Seine Nacherzählung der Ermordung Siegfrieds (im *Nibelungenlied*) beschließt Fernau (1966) mit folgender Reflexion: „Und so endete auch tatsächlich der letzte hybride Recke der Deutschen: Hitler. Er wird ein Mythos werden, ob wir wollen oder nicht. In wenigen Generationen wird es soweit sein [...]. Wir mögen ihn hassen und lächerlich machen – es wird korrigiert werden." (Fernau, Joachim: Disteln für Hagen. Bestandsaufnahme der deutschen Seele. München, Berlin 1966. S. 97). Herbert Reinecker (Zeitbericht unter Zuhilfenahme des eigenen Lebenslaufs. Erlangen, Bonn, Wien 1990. S. 146) wird 1990 schreiben: „Der Mythos, der sich um diese Person [Hitler] gebildet hat, war von unglaublicher Kraft. Es mag – sonderbarerweise – etwas Positives in der Kraft zu sehen sein, Mythen zu bilden." Nicht zum Mythos, aber zum Begriff des *Helden* hatte bereits hundert Jahre zuvor Stifter (in der erwähnten Erzählung *Bergmilch*, S. 256f.) eine aufschlussreiche Einschätzung gegeben: „Die Feinde, die damals gesiegt hatten, waren nun vollkommen geschlagen, ihre Hauptstadt erobert, ihr weltberühmter *Führer* auf Elba und endlich nach seinem Hervorbruche gar auf St. Helena verbannt, und der Friede ruhte segnend auf allen Ländern, die so lange verwüstet worden waren. Die Menschen, welche den Krieg noch gesehen hatten, erkannten vollkommen dessen Entsezliches, und daß ein solcher, der ihn muthwillig entzündet, wie sehr ihn später verblendete Zeiten auch als Helden und Halbgott verehren, doch ein verabscheuungswürdiger Mörder und Verfolger der Menschheit ist, und sie meinten, daß nun die Zeiten aus seyen, wo man solches beginne, weil man zur Einsicht gekommen; aber sie bedachten nicht, daß andere Zeiten und andere Menschen kommen würden, die den Krieg nicht kennen, die ihre Leidenschaften walten lassen, und im Übermuthe wieder das Ding, das so entsetzlich ist, hervor rufen würden." (Hervorh. von mir, V.L.).

[3] „So kommt es, daß man in keinem Schritt Amerikas mehr die Politik herausleuchten sieht. Die Parteien sind eine Farce für das Volk. Die Programme sind eine Farce [...], die Kriege Amerikas sind eine Farce. Amerika hat keine Überzeugung mehr. [...] Der Kommunismus ist heute das einzige noch hochpoli-

Drehbuchautor Herbert Reinecker (*Der Kommissar, Derrick*[1], *Das Traumschiff*) lässt in seinen späteren Krimiserien die Täter gelegentlich ihr Schicksal so erläutern, dass ihre Antworten auch auf die Frage nach der Schuld der für Krieg und Massenmord verantwortlichen Personen übertragbar sind. In seiner Autobiographie stellt er zum Holocaust fest: „Die Welt hat ihre Unschuld verloren. [...] Ich weiß nicht, ob es je einen Weltzustand von Unschuld gegeben hat. Ich vermute nein."[2] Sowohl Fernau (Kriegsberichterstatter der Waffen-SS[3]) als auch Reinecker (ab 1942 Hauptschriftleiter der HJ-Zeitschrift *Junge Welt*) hatten ihre journalistisch-schriftstellerische Arbeit im Pressewesen des Nationalsozialismus mit grausamem Erfolg begonnen, aber keineswegs auf die 1950er Jahre beschränkt.[4] Sie waren auch

---

tisch-weltanschauliche Gefüge." Fernau, Joachim: Halleluja. Die Geschichte der USA. München 1977. S. 300f.

[1] Horst Tappert, selbst nicht ohne SS-Vergangenheit (Platthaus, Andreas: Derricks Vorgeschichte: Horst Tappert war bei der Waffen-SS. In: Frankfurter Allgemeine Zeitung. 26.04.2013 (zit.: https://www.faz.net/aktuell/feuilleton/medien/derricks-vorgeschichte-horst-tappert-war-bei-der-waffen-ss-12162290.html), die er allerdings nicht ganz verschwiegen hatte (vgl. Tappert, Horst: Derrick und Ich. Meine zwei Leben. München 1998. S. 17–23), beschreibt Reinecker als „Prediger" und „Gerechtigkeitsfanatiker" mit „pastorale[r] Note": „Dann kam eine Folge, in der die Verbrechen an den bosnischen Muslimen, die grausamen Bürgerkriege weltweit mit den Massenmorden in den Nazi-KZs gleichgesetzt wurden. Ich sagte: Das drehe ich nicht. Die Mordtaten und Vergewaltigungen in Bosnien sind grauenhaft, doch die während des Dritten Reichs eiskalt geplante industrielle Vernichtung der Juden steht moralisch noch tiefer. Es verbietet sich, das in ein und derselben Kategorie zu vermengen." (S. 187). Vgl. allerdings Reinecker (S. 117): „Im Osten [...] wurde [von der SS] Auschwitz geprobt [...] aber schon mit der Absicht, den Mord *systemhaft* zu machen." (Hervorh. im Orig.). Auch Tappert nimmt ein Sprachbild Adornos auf: Er habe „alles getan, um ihn [d. i. der Krieg] zu vergessen. Er war vorbei, Schluß, Strich, es zählten nur noch Heute und Morgen. Aber Schrecken und Grauen, durch die man gegangen ist, lassen sich nicht einfach abschalten, sie holen einen immer wieder ein. [...] [D]iese verlorenen Jahre [sind] Teil meines Lebens." (S. 17).

[2] Reinecker: Zeitbericht. S. 180f.

[3] Vgl. Köhler, Otto: Das Geheimnis der letzten Kriegsstunde – Hitlers Wunderwaffe: Joachim Fernau. In: Köhler, Otto: Unheimliche Publizisten. München 1995. S. 102–119.

[4] Herbert Reinecker unterlag einem so massiven Entschuldungs- und Rechtfertigungszwang, dass ihm zeitlebens jeder Text, und sei er den Themen der Jahre 1933–45 noch so fern, zur Parabel eines Rehabilitationsversuchs gerät. In einem im Orient spielenden Kriminalroman lässt er 1970 einen Ingenieur über seine Situation, in der ihm Kriminelle soeben eine Leiche untergeschoben haben, erklären: „Wir sind in irgendeine Sache hineingeraten, und wir müssen

nach 1968 sehr erfolgreich. Diese Kontinuität ist *kein* Merkmal der Nachkriegszeit, sondern Teil der Geschichte Deutschlands seit 1945 und wurde keineswegs erst 1968 aufgedeckt oder gar unterbrochen.

Zuweilen erstaunlich ist die Reihe *Soldatengeschichten aus aller Welt*, die sich auch mit Themen wie dem Spanischen Bürgerkrieg, dem Koreakrieg, dem Algerienkrieg, dem Indochinakrieg und der später in gesellschaftskritischen Kreisen bewunderten kubanischen Revolution[1] auseinandersetzte. Auffallend ist Bd. 37: *Das Schwert der Wüste. Vom Kampf Israels gegen die Araber* von Rolf O. Becker. (Der Name scheint ein Verlagspseudonym zu sein.) Geschildert wird der anfangs aussichtslose Verteidigungskampf einer kleinen israelischen Siedlung gegen eine syrische Übermacht, ein Scharmützel, das im Zusammenhang des israelischen Unabhängigkeitskrieges gegen Ägypten, Saudi-Arabien, Transjordanien, Libanon, Irak und Syrien steht, der vom Mai 1948 bis Januar 1949 dauerte. Es werden keineswegs ausschließlich militärisch-sportiv Kampfhandlungen der schlecht ausgestatteten, aber mental entschlossenen Israelis geschildert, sondern in einer langen Einleitung werden die Ursachen der Staatsgründung und die Ziele der israelischen Politik dargestellt und entfaltet. Drei Widerstandsgruppen werden beschrieben und bewertet: 1. Widerstand gegen das britische Mandat, die *Haganah* (aktiver Widerstand); 2. die *Irgun Z'vai Leumi* (die „große Terrororganisation"); 3. die *Lohmey Heruth Israel* (eine „harte Terrorgruppe") (alles S. 11). Glaubt man anfangs, der Text verschleiere die *deutschen* Verbrechen dadurch, dass angegeben wird, die neuen Siedler kämen „aus Lagern in Europa" (S. 6) und man sehe in „Gesichter, in denen so viel stand von dem Leid der Verfolgung, das sie durch Jahrtausende erduldet hatten in Russland, in Polen, der Tschechei [sic!], in Rumänien, Deutschland, Ungarn, in Österreich und in Palästina" (S. 20), so erklären sich diese Ausführungen nur als historische Rahmung, die insgesamt die Staatsgründung als verständlich und berechtigt erscheinen lässt. Später ist zu lesen: „Es waren viele unter ihnen, die noch in letzter Stunde entkommen waren oder deren nächste Verwandte in den KZ-

---

jetzt so kaltblütig und vernünftig wie möglich handeln." „[W]ir sind überzeugt", antwortet später ein Polizist, „daß Sie ohne Ihr Zutun in eine schreckliche Sache hineingezogen worden sind." Und: „Ziehen Sie einen Strich unter die Sache [...]." (Reinecker, Herbert: 11 Uhr 20. München 1970. S. 13, 68, 78). In immer wiederkehrenden Reflexionen, in die er „hineingezogen" (S. 128) wird, entfaltet Reinecker im *Zeitbericht* sein Lebensmotiv: „Ist in solchen Zeiten Schuld allgemeines Schicksal?" (S. 148) – also gar nicht mehr individuell zu verantworten: „Da spielt es keine Rolle mehr, wer den Krieg angefangen hatte und warum." (S. 128).

[1] Vgl. das *Kursbuch* 18 (Cuba), hg. v. H.M. Enzensberger.

Lagern Auschwitz, Belsen oder Buchenwald ein grausames Ende auf Hitlers Befehl gefunden hatten aus keinem anderen Grund, nur weil sie Juden waren." (S. 18) Einer der sich untereinander über die Arten des richtigen Widerstandes streitenden Kämpfer wehrt sich gegen einen Vorwurf, er sei ob seiner Widerstandsmethoden ein „Faschist und Nazi" (S. 18): „Im Warschauer Ghetto, als wir gegen die SS kämpften? Oder in Treblinka? Das war nicht besser als dein Belsen [...]!" (S. 18) Der Angesprochene hatte gesagt: „Und vorher war ich im Lager Belsen. Weißt du, was das war? Da wollten sie mich umbringen und hätten es getan, deine verdammten faschistischen Freunde, wenn mich die Amerikaner nicht im letzten Moment befreit hätten. Mich und ein paar hundert andere von vielen Zehntausenden, für die sie schon zu spät kamen." (S. 18)

Literarisch haben die Väter also doppelt nicht geschwiegen – einmal als mit politischer Wirkabsicht publizierende Autoren unterschiedlicher politischer Optionen, die hemmungslos von sich sprachen: „[...] falsch wäre es aber, die schweren Frontjahre vollkommen aus dem Gedächtnis zu streichen ... ‚Landser' nicht lesen zu wollen, würde einer Vogel-Strauß-Taktik gleichkommen – den Krieg kann man damit nicht ungeschehen machen"[1], so der Verlagsleiter Erich Pabel. Zum anderen als auch deren Kritiker: „Nun aber waren wir überzeugt davon, unsere eigene kritische Haltung überall in der Bevölkerung wiederzufinden"[2]. Beide Gruppen haben eine sogar *rechtsrelevante Öffentlichkeit* durch die Maßnahmen und Verbote der Bundesprüfstelle generiert. Es entstand die für eine Demokratie wichtige debattierende Öffentlichkeit – es herrschte aber zwischen 1945 und 1960 kein Schweigen über die Nazizeit. Diese kritische Öffentlichkeit zeigte sich exemplarisch bei der Diskussion um den Holocaust-Film *Nacht und Nebel* (Frankreich, 1956)[3], dessen Aufführung die Bundesregierung zu verhindern suchte, was aber internationale und nationale Proteste (u.a. von: Alfred Andersch, Heinrich Böll, Walter Dirks, Wolfgang Hildesheimer, Eugen Kogon, Ernst Kreuder, Erich Kuby, Hans Werner Richter und Paul Schallück) auslöste.[4]

---

[1] N.N.: Aus allen Rohren. In: Der Spiegel 12 (1959). H. 43 (20.10.1959).

[2] Eggebrecht, Axel: Vorwort. In: Die zornigen alten Männer. Gedanken über Deutschland seit 1945. Hg. v. Axel Eggebrecht. Reinbek bei Hamburg 1979. S. 7–28. Hier S. 11.

[3] Kramer, Sven: Nacht und Nebel. In: Fischer; Lorenz: Lexikon der ‚Vergangenheitsbewältigung'. S. 123–125.

[4] van der Knaap, Ewout (Hg.): Nacht und Nebel. Gedächtnis des Holocaust und internationale Wirkungsgeschichte. Göttingen 2008.

10. Was in der Luft lag: Blick auf den Schlager

Es mag einzuwenden sein, dass die Indizien eine elitäre oder zumindest literarische Kultur beträfen, nicht aber jene Deutschen repräsentierten, die nicht zum Bildungsbürgertum mit seinen literarischen Interessen zu zählen seien, die große Menge, die einfach mitgemacht, aber nun vergessen hätte, dass sie mitgemacht hatte. Naturgemäß äußert sich diese Gruppe nicht öffentlich; sie hat keinen Zugang zu den Medien. Aber für sie wird in Stellvertretung ein Forum gefunden – im Schlager. Der Schlager ist daher eine aufschlussreiche Gattung, weil er Themen nicht direkt anspricht, sondern „dem Zeitgefühl Luft macht"[1], wie es der Musikproduzent Kurt Feltz formulierte. Dessen damals berühmtestes Lied gibt nun in diesem Genre Auskunft über die Beredsamkeit der Väter. 1949 dominierte ein Schlager von ihm und Jupp Schmitz (Musik) so sehr den Kölner Karneval, dass er dem *Spiegel* eine Titelstory wert war: *Wer soll das bezahlen?*[2] Die harmlosen Textstrophen können nicht darüber hinwegtäuschen, dass die Vätergeneration, die dieses Lied auch außerhalb des Karnevals sang, im Refrain genau das in Stellvertretung ausgesprochen hörte, was das Problem der Zeit war. Ein Vers lautete: „Vieles bei uns, das war gründlich zerstört". Das Lied war nichts weniger als der unter den Bedingungen der alliierten Zensur mögliche Hinweis auf das ungewisse Schicksal Deutschlands, verbunden mit einer Schuldzuweisung, denn der zweite Vers des Refrains fragte: „Wer hat das bestellt?" Es war jedem klar, wer die gründliche Zerstörung Europas *bestellt*, also in Kauf genommen hatte, der Nationalsozialismus und die ihn unterstützenden Menschen nämlich, und wer nun die Rechnung präsentiert bekam und bezahlen musste: Die gesamte Bevölkerung. Damit war eine Zeitstimmung getroffen. Anlässlich von Fotos aus den Konzentrationslagern lässt der bereits erwähnte rechtskonservative Autor Ernst von Salomon 1951 seine Freundin sagen: „Als ich heute die Bilder sah, da wußte ich: es muß alles bezahlt werden!"[3] In der *Neuen Zeitung* vom Januar 1946 hatte Erich Kästner über „Eine unbezahlte Rechnung" für eine Hinrichtung geschrieben: „Eine Rechnung, die […] mit

---

[1] Feltz, Kurt (Orig.: Neue Revue (1968). H. 9. S. 46), zit. in: Mezger, Werner: Schlager. Tübingen 1975. S. 152.

[2] N.N.: Wer soll das bezahlen? In: Der Spiegel 4 (1950). H. 1 (04.01.1950). Zit.: https://www.spiegel.de/politik/wer-soll-das-bezahlen-a-feae7c2f-0002-0001-0000-000056033786.

[3] Salomon: Fragebogen. S. 538.

jenem Staat aber noch lange nicht beglichen ist!"[1] „Das hat ja Hunderte von Milliarden gekostet"[2], antwortete ein Taxifahrer (*1919) auf die Frage, ob er Hitler gesehen habe. Was würde auf die Menschen zukommen, die die Folgen dessen zu bezahlen hatten, was da bestellt worden war?

Die dann folgende politische und soziale Restauration in der BRD habe aber einen offenen Umgang mit dieser Schuld verhindert? Wohl kaum, denn diese faktische und drohende Restauration wurde 1949 bemerkt und unmittelbar lächerlich gemacht – und zwar von dem damals überaus populären Bully Buhlan in dem Schlager *Wir tanzen wieder Polka* (Polydor 48 233 A). Das Musikstück fängt mit einem rasanten Boogie-Woogie an, der aber jäh abgebrochen wird, als jemand in die Musik spricht:

> „Kinder, Kinder, hört doch auf, das ist ja furchtbar, das ist ja nicht mehr zu ertragen! Ich glaube, wir sind doch heute schon viel moderner: (Singt:) Wir tanzen wieder Polka/ Wie früher Tante Olga// […] Wie es früher war, so soll es wieder sein […]/ Die neuste Mode ist jetzt wie vor fünfzig Jahren, […] Man sehnt sich wieder nach der guten[3] alten Zeit,/ nur ein paar Jährchen noch, Kinder,/ und dann ist es so weit./ […] Kinder, so wunderbar wie früher wird es wieder sein."

Das ist beißende Ironie und Kritik an *exakt* der Haltung, die man den 50er Jahren vorwirft: „Zum Frühstück gibt es wieder, wie bei unseren Ahnen/ Bananen". Die restaurative Haltung sei vorzivilisiert – wie die Welt der Affen. Diese Haltung wird beschrieben und der Unangemessenheit überführt. Und dann kommt im Schlager der Hinweis, dass auch dieser Schlager, wie Kurt Feltz sagte, als Zeitzeichen, als Indikator für eine allgemeine und zugleich falsche Entwicklung verstanden werden soll: „Auch die Musik geht mit der Mode mit."

Ein anderer Schlager der Zeit erinnert ebenfalls, und zwar auf seine Art: Nach 1945 gab es nahezu 12 Millionen Flüchtlinge[4], die nach § 2 des Bundesvertriebenengesetzes von 1953 „Vertriebene" genannt wurden. Sie hatten zumeist ihr Eigentum zurücklassen müssen, hatten auf der Flucht Gesundheit und Leben riskiert oder beschädigt; verwandtschaftliche Beziehungen waren aufgelöst. Ebenso kehrten die ausgemusterten Soldaten, die Kriegsgefangenen

---

[1] Kästner, Erich: Eine unbezahlte Rechnung [1946]. In: Kästner, Erich: Der tägliche Kram [1949]. Berlin o. J. S. 26–27. Hier S. 26.

[2] Haben Sie Hitler gesehen. Deutsche Antworten. Gesammelt von Walter Kempowski. Nachwort von Sebastian Haffner. München 1973. S. 97.

[3] Das Wort wird ironisch intoniert.

[4] Reichling, Gerhard: Die deutschen Vertriebenen in Zahlen. 2 Bände. Bonn 1986/89. Bd. I. S. 36.

und die KZ-Häftlinge („Viele Jahre schwere Fron" singt 1955 Freddy Quinn in seinem Lied *Heimweh*[1]) in etwas zurück, was sie gleichwohl nicht mehr vorfanden. Die so apostrophierte „Heimat", in die zurückzukehren sie sich gesehnt hatten, „war (ihnen) zur Fremde geworden"[2], wie es Oskar Kröher formuliert. Die Heimat war also doppelt verloren – in der Fremde und bei einer Rückkehr; denn dann standen die Heimkehrer *Draußen vor der Tür* (Wolfgang Borchert, 1947). 1958 hatte Freddy Quinn einen Nummer-1-Hit mit dem Titel *Heimatlos*, in dem es hieß: „Heimatlos sind viele auf der Welt,/ heimatlos und einsam wie ich./ Überall verdiene ich mein Geld,/ doch es wartet keiner auf mich.// Keine Freunde, keine Liebe,/ keiner denkt an mich das ganze Jahr."[3] Wieder wird alles gesagt – wenn auch nicht alles direkt ausgesprochen wird.

Es ist eingewandt worden, dass die Ursachen von Flucht und Vertreibung in dem Lied nicht benannt würden und insofern ein Zustand beklagt würde, den man selbst verursacht habe[4] – aber auch diesem quasi-religiösen Vorwurf entzieht sich das Lied insofern, als es die Klage aus dem Vergleich mit früher entstehen lässt: „Keine Freunde, keine Liebe,/ Wie es früher, früher einmal war/ Hoffnungslos ist keiner auf der Welt/ Einmal kommt für jeden die Zeit/ Und ich hoffe, ich hoffe das Schicksal hält/ Auch für mich noch einmal [ein paar Freunde] bereit." Das Lied vergleicht den Istzustand der Gegenwart mit dem Zustand der Welt vor ihrer Zerstörung und entwickelt zugleich die Sehnsucht nach und die Hoffnung auf Integration in die gegenwärtige Gesellschaft. Zwar mag die Erwartung die Vergangenheit idealisieren[5] – aber da die idealisierte Zeit nicht angegeben ist, wird hier lediglich eine Utopie aus dem entwickelt, was nie war – aber wo jeder hinwill: „Heimat". Mit diesen Worten

---

[1] Hügel; Zeisler (Hg.): Die süßesten Früchte. S. 65.

[2] Kröher: Auf irren Pfaden durch die Hungerzeiten. S. 63.

[3] Hügel; Zeisler (Hg.): Die süßesten Früchte. S. 64 (Hervorh. von mir, V.L.).

[4] Vgl. allerdings Adorno: Vergangenheit. S. 11: „Irrational ist weiter die verbreitete Aufrechnung der Schuld, als ob Dresden Auschwitz abgegolten hätte. In der Aufstellung solcher Kalküle, der Eile, durch Gegenvorwürfe von der Selbstbesinnung sich zu dispensieren, liegt vorweg etwas Unmenschliches".

[5] Vgl. Adorno: Vergangenheit. S. 17f.: „Ungezählten ist es unterm Faschismus gar nicht schlecht gegangen. Die Terrorspitze hat sich nur gegen wenige und relativ genau definierte Gruppen gerichtet. Nach den Krisenerfahrungen der Ära vor Hitler überwog das Gefühl des ‚Es wird gesorgt', und gar nicht nur als Ideologie von KdF-Reisen und Blumenkästen in Fabrikräumen. Gegenüber dem laissez faire beschützte die Hitlerwelt tatsächlich bis zu einem gewissen Grade die Ihren vor den Naturkatastrophen der Gesellschaft, denen die Menschen überlassen waren."

schloss 1959 Ernst Blochs *Prinzip Hoffnung*.[1] Keine so schlechte Anspielung oder zumindest Assoziation für einen Schlager. Und keineswegs eine Interpretation aus der Rückschau. Der Journalist und Lyriker Helmut Lamprecht zitiert 1960 in seiner Jugendkulturkritik *teenager und manager* einen Fünfzehnjährigen: „Ich wünsche mir ‚Heimatlos', weil wir aus dem deutschen Osten vertrieben sind. [...] Das Lied hat einen tiefen Sinn"[2]. Der Folksänger Oskar Kröher berichtet in seiner Autobiographie vom Abituraufsatz zum Thema: „Kann dir das Vaterland zur Fremde werden?"[3]

Ein anderes, sehr subtiles Beispiel für die implizite Erinnerungskultur im Schlager: Etwas früher als der Film *Die Brücke am Kwai* (1957, Regie: David Lean) erschien 1956 als *rororo*-Taschenbuch der gleichnamige Roman von Pierre Boulle. Dieser sich gut verkaufende Roman forderte ebenso wie der erfolgreiche Film von den deutschen Zuschauern oder Taschenbuchlesern Empathie mit den positiv konnotierten *alliierten* Kriegsgefangenen ein, insofern diese von im Film negativ konnotierten Japanern misshandelt wurden.[4] Der zentrale Titel der Filmmusik, das Instrumental *The River Kwai March – Colonel Bogey*, wurde in Deutschland ein Verkaufsschlager und blieb sechs Monate in der Hitparade, davon drei Monate auf Platz eins. Die Single verkaufte sich in Deutschland unmittelbar über eine Million Mal, bis heute insgesamt vier Millionen Mal.[5] Dabei war der Marsch, wie der Öffentlichkeit damals bekannt war, sehr viel älter, politisch konnotiert und gab im Zweiten Weltkrieg die Melodie für ein populäres obszönes Anti-Nazi-Spottlied vor („Hitler has only got one ball").[6] Manfred Gregor, Autor der Romanvorlage zum Anti-Kriegsfilm *Die Brücke* (1959), lässt den Erzähler in seinem zwei-

---

[1] Bloch, Ernst: Das Prinzip Hoffnung [1954/59]. Frankfurt/M. 1985. S. 1628.

[2] Lamprecht: teenager und manager. S. 83f.

[3] Kröher: Auf irren Pfaden durch die Hungerzeiten. S. 69.

[4] Allerdings unterbreitet der Roman dem deutschen Publikum auch ein Deutungsangebot, das die Identifikation mit dem ehemaligen Feind unter Beibehaltung der eigenen Identität möglich werden lässt: „Vielleicht rühren die scheinbar so grundverschiedenen Handlungen der beiden Gegner [Briten und Japaner] aus ein und der selben geistigen Haltung?" (Boulle, Pierre: Die Brücke am Kwai. Übers. v. Gottfried Beutel. Hamburg 1956. S. 7 (Auflage 1958: 88.000). Vgl. o., S. 37-38, die Fußnoten zu Herbert Reinecker, der das gleiche Motiv bis zu seinem Lebensende variieren wird.

[5] N.N.: Kwai-Marsch: Pfiffe auf dem Golfplatz. In: Der Spiegel 11 (1958). H. 18 (29.04.1958). Zit.: https://www.spiegel.de/kultur/pfiffe-auf-dem-golfplatz-a-04e5b52f-0002-0001-0000-000032216302.

[6] N.N.: Bekanntes. In: Der Spiegel 21 (1968). H. 32. Zit.: https://www.spiegel.de/politik/bekanntes-a-59f21335-0002-0001-0000-000046477723.

ten Roman *Das Urteil* (1960) sagen: Als „Hollmann das Redaktionszimmer verließ, pfiff er den *River-Kwai-Marsch*. Das pflegte er nur zu tun, wenn er ein gutes Gewissen hatte."[1] Dem Roman vorangestellt ist das Motto: „Dem besseren Verständnis zweier Völker gewidmet".

Gesellschaftskritik wurde 1958 im *Lied vom Wirtschaftswunder* direkt geäußert: „Zwar gibt es Leut, die leben heut noch zwischen Dreck und Plunder/ Doch für die Naziknaben, die das verschuldet haben/ Hat unser Staat viel Geld parat und spendet Monatsgaben". Hier ist sie wieder, die Frage, wer das bezahlen wird, was der Nationalismus bestellt und verschuldet hatte:

> „In jedem der beschriebenen musikalischen Auftritte werden Themen behandelt, die sich als Gesellschafts- und Zeitkritik verstehen lassen: Seien es die besungenen Statusunterschiede in der Wirtschaftswundergesellschaft, die kapitalistischen und dekadenten Auswüchse, die zu Lasten von moralischem Handeln gehen, oder der mangelnde Umgang mit der unmittelbar zurückliegenden politischen Vergangenheit."[2]

Stimmt: „*Mein Kampf* ham wir leider verbrannt./ [...] Und links noch kaputt und rechts noch kaputt/ und liegt noch so manche Bombe im Schutt."[3]

Auch das politische Ende der 1950er Jahre wurde durch einen Schlager begleitet. Ich habe eingangs den Musik-Komiker Bill Ramsey zitiert, allerdings nicht ganz vollständig, was ich nun nachhole. Der Refrain des Partyliedes lautet in Gänze: „Jeden Tag 'ne andere Party/ doch immer dieselbe Partei." (1960, Polydor 24 330). Im August 1961 wird Martin Walser einen Sammelband bei *rororo* herausgeben, dessen Titel fragte: *Die Alternative – oder Brauchen wir eine andere Regierung?* Prominente Schriftsteller plädierten für das Ende einer Regierung mit immer derselben Partei. Und wenn man diesen Zusammenhang lediglich für zufällig hält, muss man sich die letzte Strophe des Partyliedes von Bill Ramsey anhören:

> „Diplomaten und Lob[by]isten/ und ein Schwung Opportunisten/ ja, die gehen immer irgendwo/ in der kleinen Hauptstadt um./ Und sie steh'n und diskutieren/

---

[1] Auch Gregors zweiter Roman wurde verfilmt, und zwar unter dem Titel *Town without Pity/Stadt ohne Mitleid* (USA 1961, Regie: Gottfried Reinhard); spätere Ausgaben des Romans trugen nicht mehr den ursprünglichen Titel von 1960, sondern den Filmtitel, wie z.B. die hier zitierte Ausgabe: Gregor, Manfred: Stadt ohne Mitleid [Lizenzausg.: Welt im Buch]. o. O. 1961. Hier S. 33 (Hervorh. im Orig.).

[2] Thorhauer, Anika: „Wir sind den Umständen nicht dankbar, die uns zu diesem Film herausforderten." Zur zeitkritischen Kommentarfunktion der Musik in *Das Mädchen Rosemarie*. In: Kieler Beiträge zur Filmmusikforschung 11 (2014). S. 321–332. Hier S. 329f.

[3] Thorhauer: Umständen. S. 329f. (Hervorh. im Orig.).

doch das kann zu gar nichts führen/ die couleur, die ist bei allen gleich/ und sie [oder: Sie, V.L.] wissen auch warum: [..] Jeden Tag 'ne andere Party/ und immer dieselbe, und immer dieselbe, und immer und immer dieselbe Parteiiiiiii" [das letzte Wort ist wie im wütenden Schmerz geschrien].

Politische Lyrik im Schlager – keine Erfindung der späten 60er Jahre.

11. Kinder- und Jugendliteratur

Äußerte sich die ältere Generation in Kinder- und Jugendbüchern? Da ein anderer Begriff von Jugendliteratur geherrscht habe als heute, „kam es in der Kinder- und Jugendliteratur der unmittelbaren Nachkriegszeit zum Thema Nationalsozialismus also nicht zur Auseinandersetzung mit der jüngsten Vergangenheit. Wie im kollektiven Gedächtnis an die jüngste deutsche Vergangenheit wurde zuerst über das Vergangene geschwiegen und dann das deutsche Leid hervorgehoben."[1] Es kommt zum „Bejammern der unverdienten, Unschuldige treffenden Niederlage"[2]. „Darüber hinaus wurde [sic!] die Verführbarkeit Einzelner in autoritären Systemen, die rassistische Verfolgung von Minderheiten und Antisemitismus lediglich in weiter zurückliegenden historischen Szenarien behandelt."[3] Wir sehen hier sowohl das Narrativ des Schweigens als auch den Literaturbegriff, der Widerspiegelung verlangt. Die Literatur spiegle nicht die Gegenwart, sondern behandle existenzielle Themen „lediglich" in anderer Gestalt. Zugleich aber werden Beispiele genannt, die der These des Verschweigens widersprechen: Grete Westecker: *Das sparsame Jahr* (1947), Margot Benary-Isbert: *Die Arche Noah* (1948), Inge Scholl: *Die Weiße Rose* (1952), Karl Hochmuth: *In der Taiga gefangen* (1954), Josef Reding: *Friedland: Chronik der großen Heimkehr* (1956), Franz Bahl: *Schwarze Vögel* (1957), Leonie Ossowski: *Stern ohne Himmel*

---

[1] van der Heide, Elisabeth: Opfer, Helden, Täter. Eine Analyse zur Entwicklung der Darstellung des Dritten Reiches in der westdeutschen Kinder- und Jugendliteratur der ‚langen fünfziger Jahre' 2014. https://docplayer.org/44222835-Opfer-helden-taeter.html. S. 60.

[2] Dahrendorf, Malte: Das zeitgeschichtliche Kinder- und Jugendbuch zum Thema Faschismus/Nationalsozialismus. Überlegungen zum gesellschaftlichen Stellenwert, zur Eigenart und zur Didaktik. In: Rank, Bernhard; Rosebrock, Cornelia (Hg.): Kinderliteratur, literarische Sozialisation und Schule. Weinheim 1997. S. 201–226. Hier S. 208.

[3] Kanning, Julian: Zeitgeschichtliche Kinder- und Jugendliteratur. In: Kinderund Jugendmedien.de. Erstveröffentlichung: 09.01.2018 (zuletzt aktualisiert am 10.10.2021). https://www.kinderundjugendmedien.de/index.php/begriffe-und-termini/2270-zeitgeschichtliche-kinder-und-jugendliteratur.

(1958), Walter Gronemann: *Geheime Freundschaft* (1960) und Hans Baumann: *Ich zog mit Hannibal* (1960).

Diskutiert wurde in den 1950er Jahren allerdings, und das wird weniger erwähnt, viel über das *falsche* Jugendbuch, über seinen Beitrag zur Bewusstseinsbildung:

> „Sollte Karl May nicht (unbewußt) ein klein wenig zur Ideenbildung des deutschen Volkes bis 1945 beigetragen haben? [...] Ich will Karl May nicht zu einem Vorläufer des Nationalsozialismus stempeln; aber ich erinnere mich einer Reklame des Karl-May-Verlages aus den kritischen Jahren, in der es hieß, daß der Führer über seinem Bett immer einige Karl-May-Bände stehen habe. [...] Hitlers Auftreten zeigte überraschende Parallelen zu Karl Mayschen Schablonen."[1]

Über die *Bomba*-Reihe des Awa-Verlags urteilt ein Kritiker, dass die Bücher geeignet seien, „neue Ressentiments und einen Rassenhochmut zu vermitteln"[2].

Dieses kritische Bewusstsein korreliert mit Befunden aus dem Bereich der Schulpädagogik, in dem sich einige Erziehungswissenschaftler besonders vehement gegen das Fortleben oder Wiedererstarken des Nationalsozialismus äußerten – wie etwa immer wieder der Münsteraner Pädagogikprofessor Alfred Petzelt (1886–1967), der unter dem Nationalsozialismus Berufsverbot hatte: Nicht Anpassung an den Zeitgeist sei das Ziel der Erziehung, sondern Ziel sei es, das Individuum zu stärken; dies aber sei in den „langen vergangenen Jahren [...] nach Möglichkeit unterdrückt"[3] worden, eine „Unterrichts- und Erziehungskatastrophe, in die man unsere Jugend und mit ihr unser gesamtes Volk gebracht hatte"[4]. Petzelts Gesamtwerk benennt als eine der Ursachen des Nationalsozialismus eine schon vorher gesellschaftsaffirmative und nicht-dialogische Pädagogik in den Schulen. Der Pädagoge Joseph Antz wies 1953 darauf hin, dass die künftige Vätergeneration in ihrer schulischen Bildung allein zeitökonomisch betrachtet von Bildungsprozessen ferngehalten und zudem politisch massiv indoktriniert wurde, sodass man nicht diesen, sondern die „Bankrotteure von damals" mit ihrer „sinnlosen Katastrophen-

---

[1] Judt, Karl: Ein Wort zum Problem Karl May. In: Jugend und Literatur. Monatshefte für Jugendschrifttum 7 (1961). H. 2. S. 94–96. Hier S. 96.

[2] Fischer; Dietrich: 13 x Bomba – höchste Gefahr. In: Jugend und Literatur. Monatshefte für Jugendschrifttum 7 (1961). H. 8. S. 358–361. Hier S. 359.

[3] Petzelt, Alfred: Grundzüge systematischer Pädagogik [1947/1955]. Freiburg i. Br. 1964 (3. Aufl.). S. 128. (1. Aufl. 1947; 2. Aufl. 1955).

[4] Petzelt: Grundzüge. S. 12.

und Hasardpolitik" für die Missstände verantwortlich machen sollte.[1] Und man wusste um das Problem: „Die Mehrzahl der Lehrer war in die Fangarme des Nazismus geraten. Sie sind [...] in den Schuldienst zurückgekehrt."[2] – „Bei uns leben in den Familien, in denen die Kinder heranwachsen, vielfach noch Vorstellungen aus dem vorangegangenen Staatssystem. [...] Hier ist ein völlig neues Fundament zu legen."[3] Das Problem wurde also zwischen 1949 und 1959 nicht verschwiegen, sondern zu lösen versucht.

Andererseits: Die „Kritik und die Enthüllungen" der „Nachtseite" der deutschen Geschichte in ihrer „Komplexität" drohten in Geschichtsforschung und Geschichtsunterricht ein falsches Bild der Wirklichkeit zu geben, sodass Golo Mann schon frühzeitig vor einer Vereinseitigung und Verabsolutierung der Kritik warnen musste. Es sei nun Aufgabe der Geschichtsschreibung, die Komplexität zu wahren.[4] Man sieht deutlich, dass „Kritik und Enthüllungen" keinesfalls verdrängt werden, aber gleichwohl historisch korrekt bewertet werden sollen. Der Gemeinplatz „viel hilft viel" ist keine Maxime für Aufklärung und Pädagogik. Es kann, wie Golo Mann warnt, zu viel des Guten geben.

12. Kabarett

Einen Ort gab es, zu dem Jugendliche keinen Zutritt hatten, sodass sie gar nicht wissen konnten, was dort geschehen war, als sie zehn Jahre später das Schweigen ihrer Väter anklagten. Das Kabarett. „Es brach die reinste Gründerzeit aus", erinnert sich die Kabarettistin Ursula Herking.[5] Es muss nicht eigens gezeigt werden, aber das Kabarett war vor dem Fernsehzeitalter eine publikumswirksame und beliebte Institution, in der die Bedeutung und kritische Deutung der Vergangenheit allabendlich präsentiert wurden. Zu ihrem Inhalt stellt Beheim-Schwarzbach 1960 fest: „Übrigens: Das Kabarett [...]

---

[1] Zitiert nach: Antz, Joseph: Ich bitte um Verständnis für die junge Generation. Nachdr. in: Hammelsbeck, Oskar (Hg.): Überlieferung und Neubeginn. Probleme der Lehrerbildung und Bildung nach zehn Jahren des Aufbaus. Ratingen 1957. S. 299–302. Hier S. 302.

[2] Keil, Wilhelm: Ein Gebot der Geschichte. Festigung des demokratischen und sozialen Staates. In: Arnold, Franz u.a. (Hg.): Bildungsfragen unserer Zeit (FS Th. Bäuerle). Stuttgart 1956. S. 189–207. Hier S. 197.

[3] Keil: Ein Gebot der Geschichte. S. 196.

[4] Mann, Golo: Deutsche Geschichte 1919–1945. Frankfurt/M. 1961. S. 8.

[5] Herking, Ursula: Danke für die Blumen. damals. gestern. heute. München, Gütersloh, Wien 1973. S. 181.

lebt in der Bundesrepublik geradezu von Kritik und Spott auf die Regierung und die bestehenden Umstände. Nein, es ist reiner Nonsens, zu behaupten, es gebe in der Bundesrepublik eine sogenannte ja sagende Literatur [...]."[1]

13. Vergangenheit im Film

Aufklärung über die jüngste Vergangenheit fand prominent im Film statt: Am Anfang stand ein Film mit einem Titel, der vorwegnahm, was man der Restaurationszeit zehn Jahre nach ihrem Ende vorwerfen würde: *Die Mörder sind unter uns* (1946, Regie: Wolfgang Staudte). In dem Film kommen KZ-Häftlinge zu Wort und Kriegsverbrecher werden zur Rede gestellt. Zu den in Deutschland entstandenen Filmen, die sich mit den Themen Nationalsozialismus, Holocaust und Krieg beschäftigen, sind Produktionen zu zählen, die viele Zuschauer erreichten wie: *Rotation* (1949), *Fünf Mädchen und ein Mann* (1951), *Die letzte Brücke* (1954), *08/15* (3 Teile: 1954, 1955), *Canaris* (1954), *Des Teufels General* (1955), *Kinder, Mütter und ein General* (1955), *Haie und kleine Fische* (1957), *Der Arzt von Stalingrad* (1958), *Wir Wunderkinder* (1958), *Das Mädchen Rosemarie* (1958), *Hunde, wollt ihr ewig leben* (1958), *Rosen für den Staatsanwalt* (1959), *Die Brücke* (1959) oder *Kirmes* (1960). Zusammengefasst und auf das gesamte Filmwesen bezogen: „Zwischen 1951 und 1959 gab die FSK 224 deutsche und internationale Streifen dieses Sujets [Kriegsfilme] frei; Militärschwänke und sogenannte Heimkehrerfilme nicht mitgerechnet."[2] Alle zwei Wochen gab es über ein Jahrzehnt lang in Deutschland einen neuen Kriegsfilm zu sehen. Verdrängung?

14. Das Fernsehen als moralische Anstalt

Das Fernsehen galt in den 1950ern und 60ern noch als Bildungsmedium. An diesem Ideal war das Programm ausgerichtet. An den besinnlichen christlichen Feiertagen sahen die zuständigen Redakteure diesen Auftrag erfüllt, wenn im Programm Produktionen eingerückt wurden, die die heitere Welt des Wirtschaftswunderlandes problematisierten. Darunter waren in nur fünf Jahren: *Ein Volksfeind*, *Nathan der Weise*, *Iphigenie auf Tauris*, *Schmutzige Hände*, *Der Trojanische Krieg findet nicht statt*, *Die Abenteuer des braven Soldaten Schwejk*, *Maria Stuart*, *Der Tod des Sokrates*, *Der Verdammte*, *Draußen vor*

---

[1] Beheim-Schwarzbach: [Redebeitrag]. S. 87.
[2] Jary, Micaela: Traumfabriken made in Germany. Die Geschichte des deutschen Nachkriegsfilms 1945–1960. Berlin 1993. S. 175.

der Tür, Don Carlos, Eurydice, Helden, Der kaukasische Kreidekreis, Othello, Der Besuch der alten Dame, Die Caine war ihr Schicksal, Nachtasyl, Affäre Dreyfus, Clavigo, Jeanne d'Arc auf dem Scheiterhaufen, Gericht über Las Casas oder *Die Stunde der Antigone*. Die Werke befassen sich mit den Grundfragen von Schuld und Sühne, mit der Verantwortung des Einzelnen für Gemeinschaft und Staat. Mochten es auch Stücke aus der Literaturgeschichte sein: Der *Zusammenhang* zwischen den zuweilen klassischen Stoffen und der jüngsten Vergangenheit war so evident, dass er nicht eigens hergestellt werden musste. In diesen Stücken, das war jedem Zuschauer klar, wurde im historischen Kostüm die immer gegenwärtige Vergangenheit, wurden Schuld und Sühne verhandelt.

15. Die indirekte Rede

Zu berücksichtigen ist der Umstand, dass sowohl in Filmen als auch in Fernsehspielen und anderen Unterhaltungsmedien die zentralen Themen der Jahre 1933–1945 en passant erwähnt wurden. Im nachträglichen Skript zu dem Film *Der Jugendrichter* (1960, mit Heinz Rühmann) wird, ganz in Aufnahme der Unterscheidung Karl Jaspers, festgestellt: „Die Tat wird immer von den Tätern verübt, und daß wir die wahren Schuldigen verknacken können – soweit sind wir noch lange nicht …' Und er fügte nach einer kurzen Pause hinzu: ‚Leider noch nicht.'"[1] Diese indirekte Gegenwart des Krieges, seiner Ursachen und seines Grauens ist in vielen Medien nachzuweisen, die sich thematisch gar nicht dem Thema Krieg und Holocaust widmen: „Wer meinen Plänen im Wege ist, der verliert seine Freiheit"[2], sagt der Bösewicht in einem der in den 50ern bei Kindern populären *Mecki*-Comics in der Fernsehzeitschrift *HÖRZU*. Die nationalsozialistische Gewaltideologie, in deren Konsequenz Zerstörungskrieg und Vernichtungslager standen, könnte nicht besser in einem Satz zusammengefasst werden. Diese indirekte Rede über die Vergangenheit bedeutete die direkte Gegenwart der Vergangenheit, die nicht vergehen sollte.

In seinem ersten Kriminal-Roman zeigt der später sehr erfolgreiche Autor Hansjörg Martin (1920–1999), wie die ältere Generation in und mit *ihren* Medien gesprochen hatte:

---

[1] Haller: Jugendrichter/Pauker. S. 34.
[2] Mecki: Gesammelte Abenteuer. Jahrgang 1958. Hörzu-Bildergeschichten aus dem Jahr 1958. Mit Bildern von Reinhold Escher und Prof. Wilhelm Petersen. Esslingen 2009. S. 15.

„In Olders nahm ich den Stadtbus, der am Sender vorbeifuhr. Es schlug eins, als ich vor dem langen, häßlichen Gebäude stand, das früher für irgendeine Nazi-Verwaltung, eine Gauleitung oder soetwas Überflüssiges, im Stil jener Jahre erbaut worden war [...]. Über dem Portal [...] hängt am Plattenbelag der Stirnseite noch der Adler des Dritten Reiches. Das Hakenkreuz haben sie ihm aus den Krallen gemeißelt – aber man sieht die Konturen noch schattenhaft an der Wand."[1]

Die Symbolik ist leicht auflösbar. Die ältere Generation verstand es sowohl, die Trümmer der Vergangenheit zu lesen, wie umgekehrt, so zu sprechen, dass man wissen musste, wovon die Rede war. Diese Art des indirekten Erzählens ist typisch für die 50er Jahre – übrigens jenseits weltanschaulicher Fragen.[2]

Aber die Geschichte hält diesmal auch ihre Gegenthese bereit: Munitioniert mit Adorno und Horkheimers *Dialektik der Aufklärung*, wirft Helmut Lamprecht gerade dem Teenager-Film am Ende der 1950er Jahre genau das vor, was die erwachsen gewordenen Teenager später dann aus der Rückschau dem Erwachsenenfilm jener Zeit vorwerfen werden, nämlich die „klischierte Verharmlosung", die die Kraft lähme, „die reale Wirklichkeit zu ändern."[3] Sie, die Teenager, träumten von Küssen, und das sei „schöner,/ als der schönste Roman./ Noch schöner als Kino und heiße Musik!"[4] (*Wenn Teenager träumen*, 1957). Nicht die Erwachsenen, sondern die Halbstarken und Schlagerfans seien es, die aus der Wirklichkeit in die Traumwelten fliehen würden, die die Wirklichkeit verdrängten und verharmlosten und keine Thematisierungen von Krieg, Vernichtung und Schuld wollten. Sie gingen eben nicht in die Filme, die über die Vergangenheit aufklärten. Sie lasen nicht die zahllosen Bücher über Krieg und Schuld, die bereit lagen. Sie hörten nicht die Musik, mit der das Vergessen verhindert wurde. Sie beschäftigten sich stattdessen mit Nebensächlichkeiten, die sie zur Hauptsache machten. Das wurde damals auch von der älteren Generation gesehen und entsprechend kritisiert. Nicht aber von vielen in der neuen Generation, die nun ganz andere Wertmaßstäbe verteidigte. Peter Schneider erklärt in seiner „autobiogra-

---

[1] Martin, Hansjörg: Gefährliche Neugier. Kriminalroman. Reinbek bei Hamburg 1965. S. 25.

[2] „[...] ein Stil bot sich an, etwas nicht direkt zu sagen – weil ganz direkt weh tut –, sondern Direktes zu vermeiden, zum umkleiden, zu verbergen, den bitteren Tropfen, der in jedem Zeitdetail lag": Reinecker: Zeitbericht. S. 199. Tappert (Derrick. S. 185–188) beschreibt, dass sich Reinecker allerdings an diese Maxime nicht hielt.

[3] Lamprecht: teenager und manager. S. 106.

[4] Hügel; Zeisler: Die süßesten Früchte. S. 24.

phischen Erzählung" über seine Jugend in den 1960er Jahren: „Es war unter uns nicht üblich, über die Vergangenheit unserer Eltern zu sprechen."[1] Oder, wie es 1967 wieder die Popmusik für die neue Generation weiß: „Wir tanzen Beat,/ weil uns der Beat gefällt./ Für uns ist er das Größte auf der Welt." (Inga Rumpf: *The Beat Goes On* (deutsch), Decca – D 19 861).

16. Das komplementäre Narrativ: Die Jugend hört weg

Die einen *erzählen* engagiert vom Krieg, und was machen die anderen, denen so umfassend und vielfältig vom Krieg erzählt wird? Sie *hören nicht* zu, weil sie nicht Schuld, sondern sich selbst und ihre lauten Interessen für das Größte auf der Welt halten. „Hörte sie ihm überhaupt zu? Sie schluckte. Sie starrte zu Boden, und er wußte nicht, ob er nicht gar tauben Ohren predigte"[2], räsoniert der Erzähler in einem Problemfilm über die rebellierende Jugend, die Halbstarken. In der zugrundeliegenden Filmerzählung von Will Tremper fallen die Signalworte: Die Jugend sei durch falsche Autorität unterdrückt worden, „bis sich alles in *Opposition* Luft gemacht"[3] habe. In *Rebellion*: Der Anführer der Halbstarkenbande, Freddy, habe „rebelliert gegen eine Welt, die nichts mit ihm anzufangen weiß."[4] Es entstehe ein „*Protest* der Jungen"[5]: *Opposition*, *Rebellion* und *Protest* – diese Signalworte der späten 1960er Jahre fallen bereits ab 1956, um das Verhalten der Jugend in einem Narrativ aufzufangen und zu gestalten.

Aber die Jugend scheint an Aufklärung mehrheitlich desinteressiert. Die Urteile von populären Fachleuten werden deutlicher: „Wer die Jugendlichen [...] hat *reden* hören, [...] der weiß darum, dass die Verachtung der Erwachsenen einen Wesenszug der heutigen Jugend ausmacht."[6] In der Formulierung

---

[1] Schneider, Peter: Rebellion und Wahn. Mein '68. Köln 2008. S. 73.

[2] Haller: Jugendrichter/Pauker. S. 37. Vgl. auch S. 42: „Und Bluhme wußte, daß dieses Mädchen, das zum ersten Male dem Wort eines Erwachsenen geglaubt hatte, betrogen worden war."

[3] Tremper, Will: Die Halbstarken. Ein packender Zeitroman [Hannover 1956, Der bunte TOXI Film-Roman]. Zit.: Kassel 2020. (Filme zum Lesen. Hg. v. Andre Kagelmann u. Reinhold Keiner. Bd. I). S. 74 (Hervorh. von mir, V.L.).

[4] Tremper: Die Halbstarken. S. 74.

[5] Guenter, Klaus Th.: Protest der Jungen. Eine kritische Würdigung aus den eigenen Reihen. München 1961. Vgl. die Passage S. 137ff.

[6] Muchow, Hans Heinrich: Sexualreife und Sozialstruktur der Jugend. Hamburg 1959. S. 132–133 (Hervorh. von mir, V.L.).

„der ist eben ein Drecksack und bleibt einer"[1], die auf eine einzelne Vaterperson bezogen ist, artikuliert Horst Buchholz als Freddy in dem Film/Roman *Die Halbstarken* (1956) mehr als nur einen Einzelfall. Hier wird kein Gespräch gesucht, sondern Verachtung demonstriert.

Das Komplementär zum Narrativ der schweigenden Väter wird das Narrativ der nicht zuhörenden Jugend. Diese Komplementarität wird nirgends besser symbolisiert als in dem Gesamtwerk des bereits zitierten Erfolgsautors Gregor Dorfmeister (1929–2018), der unter dem Pseudonym Manfred Gregor mit dem Roman *Die Brücke* (1958) bekannt wurde. Dieser Roman war die Vorlage, nach der Bernd Wicki 1959 den berühmtesten aller deutschen Antikriegsfilme nach 1945 drehte, ebenfalls betitelt mit *Die Brücke*, der den Krieg „elend und schreiend" zeigen sollte: So das Urteil aus einer Rezension im *Spiegel*, deren Titel die Popularität des Films *Die Brücke am Kwai* nutzte: *Die Brücke am Regen*[2]. 1961 veröffentlichte Gregor Dorfmeister wie eine Antwort auf seinen Erstling und dessen Frage nach dem Sinn des Krieges einen Roman über die kriminalisierte Welt der Halbstarken und formulierte den Kern des Narrativs: „‚Versteh doch, Kind!' sagte die Frau verzweifelt. Aber Ursula unterbrach sie heftig: ‚Ich weiß nicht, was ich noch alles verstehen soll!'"[3] Und dann ganz gesteigert, wenn ein älterer Mann sagt: „‚Ich habe das Vaterland verteidigt!' Seine Stimme überschlug sich. ‚Für euch hab' ich den Schädel hingehalten, ihr Pack!' Der Junge hieb *schweigend* auf ihn [den Alten] ein."[4]

Die beiden Heinz Rühmann-Filme *Der Pauker* (1958) und *Der Jugendrichter* (1960) thematisierten ebenfalls das Problem des wechselseitigen Nicht-Verstehens, und zwar so gut und offensichtlich authentisch, dass Heinz Rühmann nach der Aufführung des Films um reale Lebenshilfe gebeten wurde.[5] Mehrere Seiten der Erzählung dokumentieren durch Reflexion auf das Vokabular, den Jugendjargon, dass es Eltern und Kindern an einer gemeinsamen Sprache fehle.[6] Übrig bleibt das Nichtverstehen: „Direktor Wies-

---

[1] Tremper: Die Halbstarken. S. 38.

[2] N.N.: Die Brücke am Regen. In: Der Spiegel 12 (1959). H. 45. Zit.: https://www.spiegel.de/politik/die-bruecke-am-regen-a-065cb554-0002-0001-0000-000032333115?context=issue.

[3] Gregor, Manfred: Die Straße. Roman [1961]. Zit.: München 1964. S. 26 (Hervorh. von mir, V.L.).

[4] Gregor: Die Straße. S. 21 (Hervorh. von mir, V.L.).

[5] Rühmann, Heinz: Das war's. Erinnerungen. Berlin, Frankfurt/M., Wien 1982. S. 161.

[6] Haller: Jugendrichter/Pauker. S. 26–28, und immer wieder verstreut im Text.

bacher wußte, was auf diese Nachricht hin als Reaktion dieser Halbstarken kommen mußte: verbissenes Schweigen, gemurmelte Ablehnung"[1]. Es ist das Narrativ der allgemeinen Ablehnung der älteren Generation durch die jüngere Generation, das vom Nicht-Verstehen-Wollen erzählt, von der Beschimpfung und von der Auffassung, dass diese ältere Generation lernunfähig sei. Oder wie es Will Brandes 1958 über die Erwachsenen singt: „Sie woll'n die Jugend versteh'n,/ doch leider muss man seh'n,/ sie kennen sich ja selbst noch kaum." (*Oh, Judy*, Electrola E 20 936). Dieses Narrativ wird bleiben: Es ist komplementär zum Narrativ der schweigenden Väter, die sich ihrer Taten nicht bewusst sind, die sich selbst nicht verstanden haben. Die Jugend wendet sich ab, glaubt den „Märchen" (Peter Alexander) der Älteren nicht mehr. Der auch optische Inbegriff der braven und niedlichen Töchter mit dem sprechenden Namen, die österreichischen *Honey Twins* (Hedi Prien (*1933) und Beatrix Kühn (*1941)), singen 1960: „Nur nicht umschau'n ist verkehrt,/ Was die Mutti uns gelehrt/ ist vergessen. Unerhört." (Polydor 24 169). Die Abkehr der Jüngeren von den Älteren ist mitten in den Familien, im alltäglichen Zusammenleben und in der Freizeit angekommen. Die Erzählungen der Alten sind nur noch Märchen; man will sie nicht mehr hören: „Der Wahrheit am nächsten kommt wohl der Befund, daß wir, die Schüler des Bertholdgymnasiums, über die ‚dunklen Jahre' wenig wußten und auch nicht viel darüber wissen wollten. Wir vermißten dieses Wissen nicht"[2], schreibt Peter Schneider.

Die laute Musik der Jugend ist geradezu das akustische Symbol für das Nicht-zuhören-Wollen – zuerst der Rock 'n' Roll, dann der Beat: Beide Musikstile sind Indizien dafür, dass die junge Generation die Reden der älteren überspielen möchte (vgl. den sprechenden Titel *Beat – die sprachlose Opposition* von Dieter Baacke, 1968): Der Vorwurf der älteren Generation lautete, dass dies keine Musik (also Sprache) sei, sondern „Lärm", man verstehe sein eigenes Wort nicht mehr: „In diesem Augenblick dröhnte die Music-Box in voller Lautstärke los. Der Spendierlümmel hatte ein Radaustück eingestellt und sah den verzweifelt die Hörmuschel zuhaltenden Bluhme unschuldig an."[3] In dem zeittypischen Film *Die Halbstarken* fällt in einer Szene ein Satz, der die Ubiquität der neuen Jugend-Musik und ihre Funktion artikuliert: Das „chromblitzende Ungetüm", die Musikbox, wird in Gang gesetzt, bis sich die Musik „aus der Musikbox über alle ergießt."[4] In

---

[1] Haller: Jugendrichter/Pauker. S. 134.
[2] Schneider: Rebellion und Wahn. S. 38.
[3] Haller: Jugendrichter/Pauker. S. 80f.
[4] Tremper: Die Halbstarken. S. 33.

diesem Sprachbild ist gefasst, wie die ältere Generation die aktuelle Musik in ihrer alles umfassenden, alles überfließenden und alles ertränkenden Wirkung erlebte. Und so ist es exemplarisch, wenn Hans Heiberg in seinem Jugendbuch, das in den Jazz einführen will, über die Jugend resümiert: „Kein Wunder, daß ihre Reaktion auch heftiger, lauter und sicher auch manchmal wenig erfreulich ist."[1] Das Motorrad, in den Schlagern *Motorbiene* (1962, „du schreist laut, so wie der letzte Zahn"; EMI Columbia C 22 196) und *Halbstark* (1965, „Heiße Melodien, sie heulen durch die Nacht./ [...] Und die Gassen, sie sind menschenleer"; Polydor 52 589) gefeiert, ist nicht nur Symbol der Unabhängigkeit, sondern auch der Lautstärke, die den Dialog unmöglich macht oder machen soll: „Er versucht Seidels Worte dadurch zu übertönen, daß er im Leerlauf das Handgas auf- und abdreht und so den Motor aufheulen läßt."[2]

Aber aufschlussreich ist nun der Therapievorschlag der Älteren nach dieser Diagnose, die genau jenes neue Narrativ impliziert: „Das ist nämlich die Hauptsache, daß man sich miteinander verständigen kann, wenn man einmal entgegengesetzte Meinungen hat. Viele Eltern und Kinder können das nicht mehr, leider. Sie haben sich miteinander abgefunden."[3] Immer wieder das Bemühen um den Dialog – der allerdings auch dann, wenn er zu gelingen scheint, sprachlos bleibt: „Der Lehrer und sein Schüler spüren es, ohne sich mit einem Wort darüber verständigt zu haben."[4] Und dennoch weiß der *Jugendrichter* im gleichnamigen Problemfilm: „Manchmal wächst aus dem gemeinsamen Schweigen ein Kontakt."[5]

Die Jugend reagiert indes anders als hier gehofft. Sie hörte weder zu, noch schwieg sie. Sie reagierte so, wie es im Jazzbuch von Hans Heiberg prognostiziert worden war: „Und da ihr diejenigen seid, die man anbrüllen muß, um sich verständlich zu machen, hört zu"[6], ruft 1968 Peter Schneider – mit einem indirekten Verweis auf die Schlusssätze von Wolfgang Borcherts *Draußen vor der Tür* – der Vätergeneration zu.

---

[1] Heiberg, Hans: Die Reise nach Dixieland. Ein Buch für Jazz-Fans und andere Musikfreunde. o. O. [Hannover] 1957. S. 6.
[2] Haller: Jugendrichter/Pauker. S. 155. Zur „Unabhängigkeit" durch das Motorrad ebd., S. 142.
[3] Heiberg: Reise nach Dixieland. S. 6.
[4] Haller: Jugendrichter/Pauker. S. 169.
[5] Haller: Jugendrichter/Pauker. S. 97.
[6] Schneider, Peter: Brief an die herrschende Klasse in Deutschland [1968]. In: Schneider, Peter: Ansprachen. Reden – Notizen – Gedichte. Berlin 1970. S. 39–42. Hier S. 39.

17. Die nicht-schweigende Mehrheit

Die Befunde aus repräsentativen Medien zeigen, dass die Väter und Mütter in den 1950er Jahren keinesfalls geschwiegen haben. Warum entsteht dann das Narrativ? Die Antwort gibt das Komplementär-Narrativ: Die folgende Generation hat die Sprachen und Sprechweisen der Elterngeneration nicht mehr verstanden. Einmal, weil sie nicht die gleichen sprachlich-semantischen Voraussetzungen und Gemeinsamkeiten teilte; dann, weil sie die Zeichen der älteren Generation nicht zu lesen verstand.

Die Sprache der älteren Generation war zur Fremdsprache geworden, wie es im erwähnten Film/Buch *Der Pauker* auch dargestellt wird. Die immer wieder angesprochene Heimatlosigkeit aller war eben auch eine der Sprache. Innere Emigration, Flüchtlinge und Heimkehrer, Täter und Geschädigte, Ältere und Jüngere hatten durch ihre inkompatiblen Erfahrungen, durch ihre existenzielle Heimatlosigkeit die alte Sprachgemeinschaft aufgelöst; sie war zerbröselt. Es gab keine gemeinsame Sprache mehr; die Sprachen der Gruppen (Adorno wird vom *Jargon* sprechen) standen sich wie Fremdsprachen gegenüber[1] – ohne dass Übersetzungen gelangen. Diese Sprachdifferenzen wurden bemerkt und bemängelt: Kaum ein Buch über Jugendliche in der damaligen Zeit, das nicht die sprachlichen Differenzen zwischen älterer und jüngerer Generation beschrieb. Es gab Versuche von Übersetzungen – aber angesichts der grundlegenden Zerstörung der Sprachgemeinschaft wirken sie unbedarft, und sie blieben erfolglos. Der neue Jugendjargon war keine Marotte einiger weniger, sondern Ausdruck einer ganzen Generation und ihre Reaktion auf die vorhergehende Sprachzerstörung, deren Höhepunkt die totalitäre Sprachlenkung der Nationalsozialisten gewesen war. Es wurde eine *ästhetizistische* Reaktion, weil sie nicht von den Betroffenen reflektiert wurde. Sie benutzten eine Kunstsprache mit unklaren Metaphern und scheinbaren Anglizismen, die eine Welt imaginierten, in der die Geschichte ohne Kenntnis der Tradition verstehbar sein sollte. Doch sie sprachen eigentümlich weltlos. In der Rezeption der englischsprachigen Popmusik der 1960er Jahre, deren Texte nachgeahmt aber zumeist nicht verstanden wurden, kommt dieser ästhetizistische Jargon zu sich selbst: Die Sprache wird zum l'art pour l'art, zum reinen Spiel der Phantasie. In seiner umfassenden Darstellung der deutschen Beatmusik ab 1963 interviewte Jürgen Klitsch Herbert Imholz, den Sänger einer damals berühmten Band, der ihm bestätigte: Die Texte wurden „von der Platte abgehört und rein

---

[1] „Alles muß erst in die Sprache der Jugend übersetzt werden", empfiehlt die Werbeberaterin Ruth Münster (geld in nietenhosen. jugendliche als verbraucher. Stuttgart 1961, S. 89, Hervorh. im Orig.).

phonetisch wiedergegeben. Und manches verstand man auch gar nicht, da wurde ein Phantasieenglisch daraus."[1] Es war eine Situation, in der weder „die Protagonisten noch die Rezipienten die Sprache verstanden, d.h. die *Message* im Detail arbiträr war."[2] Eine Sprache ohne Signifikat: Ästhetizistisch eben. Reines Spiel.

Schließlich ist anzuführen, dass die neue Generation „es nicht mehr hören konnte": Sie war übersättigt von den verschleiernden *und* von den schuldbezichtigenden Themen der älteren Generation. Sie wollte andere Themen und in einer anderen Wirklichkeit leben. So mahnt Golo Mann schon im letzten Drittel der 1950er Jahre, dass die Väter nicht zu wenig, sondern zu viel erzählt hätten, und zwar zu viel Kritisches: Es bleibe zwar „nach wie vor eine dringende Aufgabe", die Schrecken der Nazizeit darzustellen,

> „[f]reilich nur *eine*, und es kann mit ihr nicht sein Bewenden haben. In einer Welt, die nach wie vor in Nationen zerfällt, wird auch die deutsche Nation, und wird besonders die deutsche Jugend ohne ein gesundes Maß von Heimatliebe und Nationalbewußtsein auf die Dauer nicht auskommen. Ihr dies Maß wiederzugeben, nachdem es ihr durch eine Kette von Katastrophen und schandvollen Enthüllungen zunächst fast ganz genommen worden war"[3],

sei eine Aufgabe der älteren Generation und der Geschichtswissenschaft.

Das Narrativ, die Väter und Mütter hätten geschwiegen, ist auch aus soziologischen Gründen nicht haltbar. Es gab 1955 bei 50 Millionen Bürgern ebenso viele alleinerziehende Mütter wie 2008 bei 80 Millionen Bürgern, die – mehr noch als die abwesenden, berufstätigen Väter – erzählt haben werden, ohne es publik zu machen, ohne es öffentlich machen zu *können*. Sie hatten keinen Zugang zu den Medien. Sie haben sicher nicht geschwiegen, denn jeder Tag zeigte ihnen und ihren Kindern, was die Folge des Krieges war. Sie mussten nicht explizit werden, denn sie lebten tagtäglich in den Trümmern des Krieges – bis in die 60er Jahre. Mangels schulischer und beruflicher Abschlüsse hatten besonders die alleinerziehenden Kriegerwitwen schlecht bezahlte Arbeiten annehmen müssen, bei einer Sechstagewoche mit 48 Arbeitsstunden[4], ohne technische Hilfen wie Warmwasserversorgung, Waschmaschine, Spülmaschine, Kühltruhe und Fertignahrungsmittel; die Kinder

---

[1] Klitsch, Hans-Jürgen: Shakin' All Over. Die Beatmusik in der Bundesrepublik Deutschland 1963-1967. Erkrath 2001 (2., überarb. Aufl.). S. 55.

[2] Klitsch: Shakin' All Over. S. 55 (Hervorh. im Orig.).

[3] Mann: Deutsche Geschichte. S. 8 (Hervorh. im Orig.).

[4] Scharf, Günther: Geschichte der Arbeitszeitverkürzung, Der Kampf der deutschen Gewerkschaften um die Verkürzung der täglichen und wöchentlichen Arbeitszeit. Köln 1987. S. 604.

waren während der Arbeitszeit der Mütter auf sich allein gestellt: Dies waren die „Schlüsselkinder"[1]. Sie haben frühzeitig mitarbeiten müssen: Für 90% der Bevölkerung endete die Volksschulzeit mit dem 14. Lebensjahr[2], sodass man auch nach den zeitökonomischen und kulturellen Voraussetzungen fragen muss, danach also, inwiefern Mütter überhaupt Zeit und Kraft und Gelegenheit hatten, sich *öffentlich* zu erinnern.

Wie eine erste und explizite Korrektur, ja fast Provokation gegen das 1968er-Jahre-Narrativ der schweigenden Elterngeneration wirkten daher die beiden „Befragungsbände" von Walter Kempowski: *„Haben Sie Hitler gesehen?"* (1973) und *„Haben Sie davon gewußt?"* (1979) – gemeint war der Holocaust. Seine Methode für die Erhebung der ungefähr 600 Einzelaussagen: „Ich habe [...] vielen Menschen diese Schlüsselfrage gestellt, und ich war überrascht von der Freimütigkeit, mit der die Frage[n] bejaht wurde[n]"; und er erklärt: „Vielleicht lag es an der uninquisitorischen Art, in der ich fragte"[3].

Und wer genau hat geschwiegen oder schweigen können? Soziologisch betrachtet konnte überhaupt nur die finanziell immer besser ausgestattete Oberschicht öffentlich jenes konsumorientierte Leben (Amüsement, Reisen, Luxusgüter) führen, das in Folge des Verdrängungs-Narrativs noch immer als typisch für die Wirtschaftswunderzeit angesehen wird. Große Teile der Bevölkerung, das indizieren z.B. Texte Heinrich Bölls oder Johannes Mario Simmels ebenso wie die ökonomischen Statistiken, nahmen an diesem Wunder nur begrenzt teil[4]: Diese Abkehr *der Oberschicht* von Nazi-Vergangenheit und Verantwortung wurde in Filmen der damaligen Zeit explizit thematisiert, z.B. in *Das Mädchen Rosemarie* (1958), auch im dazugehörigen Prosatext von Erich Kuby (*Rosemarie. Des deutschen Wunders liebstes Kind*, 1958) um die Affäre Rosemarie Nitribitt: „Das geschah in Frankfurt. Das ist

---

[1] Das Wort geht zurück auf Speck, Otto: Kinder erwerbstätiger Mütter. o. O. 1955. Kinderbuch: Schmidt-Eller, Berta: Das Schlüsselkind. Wuppertal 1957.

[2] https://www.statistik-bw.de/Service/Veroeff/Monatshefte/PDF/Beitrag12_04_05.pdf.

[3] Kempowski, Walter: Haben Sie davon gewußt? Deutsche Antworten. Nachwort von Eugen Kogon. Hamburg 1979. S. 5.

[4] Das Bruttosozialprodukt verdreifachte sich zwischen 1949 und 1959, der Bruttolohn verdoppelte sich (https://de.statista.com/statistik/daten/studie/1100243/umfrage/durchschnittseinkommen-brd/). Vgl. Morsey, Rudolf: Die Bundesrepublik Deutschland: Entstehung und Entwicklung bis 1969. München 2007 (5. Aufl.). S. 45–48.

eine Stadt, gut, um Geschäfte zu machen"[1]. Dies erklärt soziologisch, warum der Vorwurf, die Väter hätten geschwiegen, weil sie mit dem Wiederaufbau beschäftigt waren, aus der zumeist wohlhabenden Schicht der Studenten kam. Ungefähr 10% der Jugend hatten 1970 das Abitur, von denen lediglich 15-19% durch den Vorläufer des BAFöG, das *Honnefer Modell*, gefördert wurden: Die rebellierenden Studenten kamen demnach mehrheitlich aus sozialen Verhältnissen, die materiell so gut ausgestattet waren, dass sie keiner staatlichen Unterstützung bedurften. Verhandelten sie ein Luxusproblem ihrer Schicht?

Die protestierende Gruppe der jungen Generation von 1968 kam aus derjenigen Wohlstandsschicht, die ihrem Nachwuchs ein Studium finanzieren konnte, nicht aber aus der viel größeren Gruppe der Lehrlinge und Jungarbeiter. So erschienen folgerichtig zuerst 1967 zwei Bücher mit dem Titel *Was wollen die Studenten?*[2], dann: *Was wollen die Schüler?*[3] (gemeint waren die Gymnasiasten) und erst *vier* Jahre später: *Was wollen die Lehrlinge?*[4] Uwe Timm hat im Schlusskapitel seines Romans *Heißer Sommer* (1974) über die Studentenrevolte diese Schieflage zeitnah aufgespürt, wenn einer der Protagonisten erzählt, dass er in den 50ern aus Geldmangel Werbeschriften bei jenen wohlhabenden Familien austragen musste, aus denen jetzt die studentischen Revolutionäre kamen. Es scheint so, als möge die obere Oberschicht geschwiegen haben – nicht aber die große Masse der Bevölkerung. Die Masse trug unmittelbar die Folgen der Katastrophenzeit und musste bezahlen für das, was andere, gemeint sind die politischen Eliten der Oberschicht, bestellt hatten. Die Vergangenheit war bei den Opfern der Konzentrationslager, bei den Kriegerwitwen, Kriegsversehrten oder Ausgebombten bis mindestens 1960 alltäglich präsent. Fotos von den Straßen der Städte in den 1950er Jahren zeigen fast immer Männer in Mänteln oder Jacken, bei denen ein Ärmel leer war, Männer, die an Krücken gingen oder in den damals typischen Rollstühlen mit drei Rädern saßen. Arme oder Beine waren amputiert. Trümmergrundstücke gehörten da immer noch zum normalen Städtebild. Man musste in den 1950ern den Krieg nicht erinnern: Seine Folgen waren beim ärmeren Teil der Bevölkerung alltäglich präsent.

---

[1] Schlusspassage, zit. nach: Erich Kuby: Rosemarie. Des deutschen Wunders liebstes Kind. o. O. 1961, überarb. Ausg. S. 168.

[2] Marquardt, Friedrich-Wilhelm: Was wollen die Studenten? Berlin 1967 / Mager, Friedrich: Was wollen die Studenten? Frankfurt/M. 1967.

[3] Haug, Hans-Jürgen: Was wollen die Schüler? Frankfurt/M. 1969.

[4] Haug, Hans-Jürgen: Was wollen die Lehrlinge? Frankfurt/M. 1971.

Zudem weiß die Forschung über posttraumatische Belastungsstörungen, dass es zur Bewältigung individuell erfahrener Verletzungen gehört, die schrecklichen Erlebnisse nicht explizit werden zu lassen. Sie bleiben gleichwohl präsent. Das hat die ältere Generation schon damals so verstanden:

„Auch dem überstarken Erleben versagt sich das Wort. Im [...] Schmerz werden manche ‚sprachlos' [...]. Die vielberufenen sogenannten ‚Hemmungen' entspringen [...] öfter der Scheu, sich einem Berater anzuvertrauen, der Furcht vor der Blamage, sich so zu zeigen, wie man leider ist: so kleinlich, feige und selbstsüchtig. Das wird besonders deutlich, wenn zu den ‚Hemmungen' reichliche ‚Entschuldigungen' sich gesellen, in die der Klient vor seiner ‚Schuld' davonläuft."[1]

In einem Trivialroman kommentiert der Erzähler nach einem verlustreichen Kampfeinsatz das Geschehen: „[A]ber niemand spricht darüber."[2] Das beredte *Schweigen*, vom dem Max Picard – wie eingangs zitiert – spricht, ist von der nachfolgenden Generation als *Verschweigen* missverstanden worden. Die junge Generation hat, symbolisch gesprochen, den Lärm (der Mopeds), die Lautstärke (des Rock 'n' Roll) und die Gewalt (Halbstarken-Krawalle, Konzertsaal-Zerstörungen) gegen das vielstimmige und signifikante Schweigen gesetzt. Das Schweigen wurde nicht mehr als beredt verstanden und geachtet; es wurde durch den Jargon der neuen Jugendsprache ersetzt: Picard schreibt:

„Und dieses Schweigen, das sehr heftig da war, hätte heilend wirken können, die Welt hätte in diesem Schweigen verwandelt und neu erzeugt werden können, wenn nicht das Schweigen von der Lärmwelt des alten Betriebes überrannt und vernichtet worden wäre. Das war die große Niederlage [...] nach dem Krieg."[3]

Nicht die Diagnose einer „Unfähigkeit zu trauern" (A. Mitscherlich) und der Vorwurf, „geschwiegen zu haben" wären aus sozialtherapeutischer Sicht angebracht gewesen, sondern das Bemühen, Formen des Trauerns *und* der Aufarbeitung von Schuld aufzuspüren, zu finden und miteinander das aufklärende Gespräch zu suchen: „Warum redet ihr denn nicht?", fragt Beckmann am Ende von Borcherts *Draußen vor der Tür*[4]. Und es wäre hilfreich gewe-

---

[1] Loofs, Maria: Zur Methodik des helfenden Gesprächs. In: Böhle, Cäcilia (Hg.): Sozialer Dienst als menschliche Begegnung. Vier Vorträge. Freiburg i. Br. 1962. S. 50–75. Hier S. 70.

[2] Petersen, Hans Dieter: ...und mit uns fliegt der Tod. München o. J. [1958] (Fliegergeschichten. Bd. 135). S. 10.

[3] Picard: Die Welt des Schweigens. S. 57.

[4] Borchert, Wolfgang: Draussen vor der Tür. S. 59.

sen, wenn die Spätergeborenen die Antworten, die ihre Väter gegeben hatten, gesucht hätten. Es wäre hilfreich gewesen, die vielfältigen Formen der Trauer überhaupt erst einmal wahrzunehmen und zu verstehen. Die Lösung wäre dann das Miteinander-Sprechen, aber nicht das öffentliche Gerede: „Der Berater wird die Unlösbarkeit der Probleme nicht zerreden, sondern durch Schweigen oder in Worten behutsam andeuten oder besser ‚stehen lassen'"[1], wusste die zeitgenössische Sozialtherapie. Diese Sensibilität war schnell vergessen. Die neuen Generationen der ab 1950 Geborenen haben die Aufforderung zum Zuhören nicht vernommen, haben die Bemühungen um Verstehen als Reaktion auf die Belastungsstörung nicht mehr verstanden. Sie praktizierten Abgrenzung, Ausgrenzung und Gewalt: „Trau keinem über 30", wird man dereinst sagen. Dieses Missverhältnis ist in den 1950er Jahren gesehen und benannt worden; und es hat nicht an warnenden Prognosen gefehlt – gerade in der Unterhaltungskultur.

Deutet man pädagogisches Handeln als Generationsverhältnis, stellt sich noch eine andere Frage: Stimmt die These der „Mördersozialisation"[2], d.h. die Auffassung, dass die angeblich faschistoide deutsche Nachkriegsgesellschaft als Saat aus dem Blut und Boden der 30er und 40er Jahre hervorgegangen sei, aus den patriarchalen Strukturen der gewaltaffinen Kleinfamilien, die ihren Nachwuchs gemaßregelt und sexuell unterdrückt haben? Es fragt sich dann allerdings, wie die Nachfolgegenerationen zu ihrem Wissen und zu ihrer Moralität gelangt sind. Die Antwort: Beides wurde in den Haushalten und Nachkriegsschulen von Eltern und Lehrern gelehrt, die unter den Bedingungen des Nationalsozialismus zwar geformt wurden, aber nicht deformiert worden waren. Und es wurde in einer bildungshungrigen Öffentlichkeit thematisiert, die angeblich Verdrängung praktiziert hatte. Als Generation waren die neuen 68er das Ergebnis der 1950er Jahre, in denen ihnen zu jenem kritischen Selbstbewusstsein verholfen worden war, mit dem sie nun der älteren Generation Unfähigkeit und Schweigen vorwarfen: Die Jugend sei zwar apolitisch, resümiert ein Soziologe 1959,

„[d]och dort, wo man ein Interesse für sozialpolitische Probleme feststellen kann [...], wurde dieses entweder durch den Einfluß des Vaters oder der evangelischen Jugendgruppe hervorgerufen. [...] Grundsätzlich zeigte sich, daß dort, wo ein vernünftiges Verhältnis zur Umwelt, sei es im Sexuellen, Sozialen

---

[1] Loofs: Zur Methodik des helfenden Gesprächs. S. 73.
[2] Langhans, Rainer: Ich bin's. Die ersten 68 Jahre. München 2008. S. 50.

oder auf anderen Gebieten, herrscht, dieses auf den Einfluß des Elternhauses und manchmal auch auf die Jugendführerin oder Lehrerin zurückzuführen ist."[1]

18. Das System des Nicht-Schweigens

Aus der Rückschau lassen sich vier Haltungen unterscheiden, deren quantitative Mischung je nach Medien, die man betrachtet, unterschiedlich ausfallen mag, die aber, da diese Haltungen auch nach 1960 deutlich artikuliert wurden, keine Epochenschwelle markieren:

- Erstens die Haltung jener Gruppe, die durch das Verharmlosen den Schrecken und die Verbrechen zwischen 1933 und 1945 relativieren will. Eine Gruppe, die über Bestseller und Fernsehprogramme bis ins 21. Jh. wirkt und öffentlich Zuspruch findet. Sie ist keineswegs typisch für die 1950er Jahre.
- Zweitens die Haltung jener Gruppe, die weder geschwiegen noch verharmlost, sondern sich seit 1945 aktiv um Erinnerung, Dokumentation und Aufklärung bemüht hat.
- Drittens die Haltung jener Gruppe, die aus Leid, Schrecken, Schuld und Scham unter einem Trauma beredt geschwiegen hat – ohne jedoch Schuld und Verantwortung zu leugnen.
- Viertens die Haltung jener in diesem Text besonders dokumentierten Gruppe, die neue Formen zwischen Gerede und Verschweigen gesucht hatte, die nicht schweigen wollte, aber auch nicht einfach reden konnte und durch neue Erzählformen, durch Anspielungen, bewusste Leerstellen, Verweise auf Symbole und verwandte Paradigmen den Diskurs geführt hat. Diese Gruppe setzte einen Kommunikationskonsens voraus, bei dem das Offensichtliche nicht noch einmal symbolisch repräsentiert, das implizit Klare nicht explizit geklärt werden mussten, weil das einzelne Wort immer das Ganze ansprach und jede sprachliche Verdrängung das Verdrängte mit artikulierte.

Diese neu erprobten Formen der letzten Gruppe wurden aber von einigen wenigen der nächsten Generation entweder nicht wahrgenommen oder nicht mehr in ihrer Bedeutung verstanden. Es gab keine gemeinsame Sprache. Es entstanden Subsprachen, die ineinander hätten übersetzt werden müssen. Der

---

[1] Kurt Hirsch: Die junge Arbeiterin und ihre Umwelt. In: Gewerkschaftliche Rundschau: Monatsschrift des Schweizerischen Gewerkschaftsbundes 51 (1959). H. 5. S. 148–152 (es handelt sich um eine Rezension des Buches: Wurzbacher, Gerhard: Die junge Arbeiterin. München 1958).

vierten Gruppe der Älteren korreliert daher eine Gruppe in der jungen Generation, die Schweigen als Verweigerung von Kommunikation fehldeutete, leise Töne nicht wahrnahm, den vorauszusetzenden Kommunikationskonsens nicht mehr teilte, die nicht das Gespräch, sondern den Kommunikationsbruch suchte und sich mit Lautstärke, Provokation oder Gewalt von der Elterngeneration abzusetzen suchte. Speziell war an dieser Haltung die durch Aktionismus und Ästhetisierung ersetzte Gesprächsverweigerung: Viele wurden zu Aktivisten, die nicht mehr zuhörten. Statt des Zuhörens nutzten sie die neuen Medien des Lärmens: Motorrad, Musik, Megaphon. Aber sie blieben in der Negation getreues Korrelat ihrer Eltern. Sie waren, wie sich dann eine Band des *Krautrock* nannte: *Ihre Kinder*.

KAPITEL 2: DAS NARRATIV DER REBELLION
ODER: 1968 – SCHÖNER SCHEIN ODER STRUKTURWANDEL?

> „Hier war ein verlorener Haufen von Menschen zusammengekommen, die, aus welchen Gründen immer, mit ihrem bisherigen Leben Schluß gemacht hatten. Strandgut des Krieges, Gescheiterte, Hoffnungslose. Sie erträumten sich durch meine Lieder den Traum eines anderen, besseren Lebens."
>
> Freddy Quinn, 1960[1]

1. Irritationen

Als eine der Epochenschwellen im 20. Jahrhundert gilt neben 1918, 1933 und 1945[2] besonders das Jahr 1968: Das Jahr der Studentenrebellion. Stutzig machen sollte allerdings bereits, dass die Soziologie nachweisen kann, dass es auch vor 1968 eine Unzahl von Protestaktionen gab – mit wesentlich größerer Beteiligung der Bürger.[3] Demonstrationen gehörten in den 1950ern zum Alltag. Besonders hervorzuheben sind die Anti-Atom-Demonstrationen mit zuweilen 1,5 Millionen Teilnehmern ab 1958. Am 20. Mai 1958 hielt Erich Kästner in Anwesenheit von Martin Niemöller, Heinrich Böll und Stefan Andres vor der Münchener Universität eine danach auch in vielen Zeitungen abgedruckte Rede. Am nächsten Tag sprach er bei einer Großveranstaltung des „Komitees gegen Atomrüstung"[4]. Ab 1961 formierte sich der Protest auf den sogenannten „Ostermärschen". Auch hier sprach Kästner – wieder öf-

---

[1] Quinn, Freddy: Lieder, die das Leben schrieb [1960]. Frankfurt/M. 1963 (2. Aufl. mit neuen Bildern und Textergänzungen). S. 24. Die Broschüre gilt als Werbebroschüre und Idealisierung der Biographie.

[2] Vgl. allerdings die Infragestellung dieser Zeitordnung für die Literatur (Schäfer, Hans Dieter: Zur Periodisierung der deutschen Literatur seit 1930. In: Literaturmagazin 7: Nachkriegsliteratur. Hg. v. Nicolas Born und Jürgen Manthey. Reinbek bei Hamburg 1977. S. 95–115) und für die allgemeine Geschichte (Arntzen, Helmut: Ursprung der Gegenwart. Zur Bewußtseinsgeschichte der Dreißiger Jahre in Deutschland. Weinheim 1995).

[3] Vgl. Kraushaar, Wolfgang: Die Protest-Chronik 1949–1959. Eine illustrierte Geschichte von Bewegung, Widerstand und Utopie. 4 Bände. Hamburg 1996.

[4] Auszüge in: Pawlischek-Brokmeier, Margaretha: ‚Im Namen des gesunden Menschenverstands'. In: ‚Die Zeit fährt Auto'. Erich Kästner zum 100. Geburtstag. Hg. v. Manfred Wegner. Berlin, München 1999. S. 193–196. Hier S. 195.

fentlich vor großem Publikum. Ulrike Meinhof bemühte sich am 5. März 1961 bei Erich Kästner, seine Rede zum Ostermarsch[1] in der Zeitschrift *Konkret* abdrucken zu dürfen.[2] Aber Kästner antwortete, er habe schon einer anderen Zeitschrift zugesagt[3]: So einfach war 1961 kritische Öffentlichkeit herzustellen.

Die Studentenrebellion hingegen war keine solche Massenbewegung wie jene Anti-Atombewegung in den Endfünfzigern, sondern der Wunsch, einmal eine zu werden. Das zeigen die Zahlen: 1965 waren 245.000 Studenten immatrikuliert; bis zum Wintersemester 1970/71 wurden es 422.000.[4] Diese Steigerung war nicht nur schlichte Folge der Bevölkerungszunahme; sie war auch Folge von Reformen, die die politisch etablierten Parteien recht schnell nach der Diagnose der *Bildungskatastrophe* begonnen hatten. Diesen Begriff hatte der Altphilologe und Heidegger-Schüler Georg Picht geprägt, dessen Analysen ab dem 31. Januar 1964 in der Zeitschrift *Christ und Welt* erschienen waren. Picht hatte aufgezeigt, dass die Qualifikation der Schulabsolventen und die Anzahl höherer Schulabschlüsse nicht mehr den Bedürfnissen und Bedarfen einer modernen Industriegesellschaft entsprachen. Der Ton des bürgerlich-konservativen Kritikers war indessen 1964 alles andere als konservativ und bürgerlich[5]:

---

[1] Kästner, Erich: Ostermarsch 1961. In: Erich Kästner: Werke. Hg. v. Franz Josef Görtz. Bd. VI. Splitter und Balken. Publizistik. Hg. v. Hans Sarcowicz u. Franz Josef Görtz in Zusammenarbeit mit Anja Johann. S. 662–667.

[2] Meinhof, Ulrike: Brief an Erich Kästner. In: Kästner, Erich: Dieses Na ja!, wenn man das nicht hätte! Ausgewählte Briefe von 1909–1972. Hg. v. Sven Hanuschek. Zürich 2003. S. 397.

[3] Kästner, Erich: Brief an Ulrike Meinhof vom 7.4.1961. In: Kästner, Erich: Dieses Na ja!, wenn man das nicht hätte! Ausgewählte Briefe von 1909–1972. Hg. v. Sven Hanuschek. Zürich 2003. S. 401.

[4] Vgl. https://www.welt.de/print-welt/article644976/Zahl-der-Studenten-hat-sich-seit-1970-vervierfacht.html.

[5] Die Kritik an einem überbürokratisierten Bildungssystem, an veralteten Bildungsinhalten und an einem autoritären Lehrer-Schülerverhältnis war keinesfalls in der Studentenbewegung erfunden worden, sondern in den 1950er Jahren bereits ausformuliert. Bedeutsam waren z.B. die Arbeiten Helmut Schelskys (*Schule und Erziehung in der industriellen Gesellschaft* von 1957). Berühmt wurden ab 1954 die Arbeiten von Hellmut Becker über die *verwaltete Schule*. (Merkur 7 (1954). S. 1155-1177; dann in Buchform: Becker, Hellmut: Kulturpolitik und Schule. Probleme der verwalteten Welt. Stuttgart 1956). Eine grundlegende Kritik der funktionalistischen, formalen und autoritären Auffassung von Schulbildung formulierte in drastischem Vokabular der theologisch und philosophisch (u.a. durch Martin Heidegger) geschulte Gustav Siewerth

„Aber die politische Führung in Westdeutschland verschließt vor dieser Tatsache beharrlich die Augen und läßt es in dumpfer Lethargie oder in blinder Selbstgefälligkeit geschehen, daß Deutschland hinter der internationalen Entwicklung der wissenschaftlichen Zivilisation immer weiter zurückbleibt."[1]

Ausgelöst durch diese Artikelserie des 51-jährigen Georg Picht (Promotion 1942: *Die Grundlagen der Ethik des Panaitios*) begann die Expansion des Bildungssystems. Die damals 43-jährige FDP-Abgeordnete Hildegard Hamm-Brücher führte 1964 diese Reformen auf die Interventionen einer außerparlamentarischen Opposition zurück, wenn sie sie als „eine Aufgabe" bezeichnete, die „eigentlich den Regierungen und *Parlamenten* aufgetragen ist."[2] Die APO ist keine Erfindung der APO. Auch die Hochschulreform ist keine Erfindung der APO, wie die Legendenbildung es wünschte.[3] In der Folge von Pichts Attacke nahmen die Zahl der Gymnasiasten und damit langfristig auch die Zahl der Studenten rasch zu. Dennoch: 1967 hatte das Herz der Rebellion, der *Sozialistische Deutsche Studentenbund* (SDS), bundesweit 1.600 bis 1.800 Mitglieder (1968: 2.000-2.500[4]), davon rund 300 in Berlin, 200 in

---

(1903-1963) (vgl. Ladenthin, Volker: Die Vermessenheit des Messens. Gustav Siewerths Kritik funktionalistischer Bildungstheorien. In: Schulz, Michael (Hg.): Menschenbild und humanisierende Bildung. Zur philosophischen Pädagogik Gustav Siewerths. Konstanz 2016. S. 129-160). Der spätere Bestseller der Studentenbewegung, A. S. Neills *Theorie und Praxis der antiautoritären Erziehung. Das Beispiel Summerhill* (als Rowohlt Taschenbuch ab 1969 in extrem hoher Auflage) war bereits 1960 in New York erschienen – und war ein reformpädagogisch inspirierter Text der 1950er Jahre. A.S. Neill hatte Schulen der Reformpädagogik bei seinen Aufenthalten in den 1920er Jahren in Deutschland und Österreich kennengelernt. Die inzwischen sprichwörtliche *antiautoritäre Erziehung* war ein Konzept der reformpädagogischen Bewegung seit 1870, keine neue Idee der Studentenbewegung.

[1] Der Artikel erschien im Februar 1964; ich zitiere aus dem Nachdruck in Buchform: Picht, Georg: Die deutsche Bildungskatastrophe. Analyse und Dokumentation. Olten, Freiburg i. Br. 1964. S. 17.

[2] Hamm-Brücher, Hildegard: Leserbrief der Abgeordneten im Bayerischen Landtag, Frau Hildegard Hamm-Brücher, vom 17. Februar 1964. In: Picht, Georg: Die deutsche Bildungskatastrophe. Analyse und Dokumentation. Olten, Freiburg i. Br. 1964. S. 215–216. Hier S. 215 (Hervorh. von mir, V.L.).

[3] So heißt es in Peter Weigts *Revolutionslexikon* (Taschenbuch der außerparlamentarischen Aktion. Frankfurt/M. 1968. S. 24): „Die Studenten weisen seit Jahren immer wieder auf offensichtliche Mißstände hin ([vgl.] SDS). Ihre Mahnungen wurden aber erst beachtet, als sie zu drastischen Maßnahmen griffen ([vgl.] sit-in). Geschehen ist indessen bis heute praktisch nichts."

[4] Weigt: Revolutionslexikon. S. 53.

Frankfurt und 200 in Marburg.¹ In der Bundesrepublik wohnten damals ca. 60.000.000 Menschen... Man sieht das Zahlenverhältnis. Für die Mehrheit der Bürger konnte das, was in Berlin oder Frankfurt geschah, lediglich ein Medienereignis sein. Die Mehrheit war nicht davon betroffen – schon gar nicht in den ländlichen Bezirken, in den Kleinstädten bzw. Nicht-Universitätsstädten.

Früh hat daher die Geschichtsschreibung vorsichtig Zweifel an der Idealgeschichte von 1968 und ihren angeblich gesellschaftsverändernden „Fernwirkungen"² durchklingen lassen. So schreibt der Zeitgeschichtler Karl Dietrich Bracher schon 1986 in einem Standardwerk zur deutschen Nachkriegsgeschichte: „Ob dieser geschichtliche Anspruch sich in den tatsächlichen Verhältnissen wiederfand, ist eine andere Frage." Genau diese Frage soll jetzt hier gestellt werden. Bracher fährt fort, die Differenz zwischen Fakten und Verarbeitung der Fakten zu erklären:

> „Die radikalen Forderungen wurden gewiß nur von einer Minderheit vor allem der jüngeren, im Generationswechsel stehenden ‚Intelligenz' erhoben. Doch diese war zugleich mit der explosiven Ausweitung des Bildungswesens und *der zunehmenden Wirkung der Medien* in raschem Anwachsen begriffen. Und sie wurde weithin hörbar, weil sie im Zuge der Protestbewegungen schon früh lernte, sich zu artikulieren […], und weil dies zugleich *mit dem endgültigen Durchbruch des Fernsehzeitalters zusammenfiel*."³

1968 – nur ein Medienereignis? Ein mediales Selbstmissverständnis? Ein erfolgreich inszeniertes Fernsehspiel? Nichts als Theater?

Geht man von dieser These aus, dann lassen sich Beispiele für die Inszenierung dessen, was mit „1968" chiffriert wird, finden – gerade bei öffentlichen Personen, die für 1968 stehen. Und es wird sich zeigen, dass es nicht notwendig ist, zwischen jenen Gruppierungen zu unterscheiden, die sich als öffentliche politische Opposition verstanden oder jenen, die die Strukturveränderung zuallererst durch eine Veränderung ihrer privaten Lebensformen

---

[1] Vgl. N.N.: Wer ist der SDS? In: Welt am Sonntag. 17. Juni 1967. S. 4.

[2] Negt, Oskar: Achtundsechzig. Politische Intellektuelle und die Macht. Göttingen 1995. S. 15.

[3] Bracher, Karl Dietrich: Drei zeitgeschichtliche Phasen. In: Bracher, Karl Dietrich; Jäger, Wolfgang; Link, Werner: Republik im Wandel. 1969–1974. Die Ära Brandt. Stuttgart, Mannheim 1986 (= Geschichte der Bundesrepublik Deutschland. In 5 Bänden. Bd. V/1. Hg. v. Karl Friedrich Bracher, Theodor Eschenburg, Joachim C. Fest, Eberhard Jäckel). S. 285–286. Hier S. 285 (Hervorh. von mir, V.L.).

bewirken wollten.¹ Beiden Gruppen gemeinsam ist das Bemühen um Öffentlichkeit, genauer: Sie bemühten sich erfolgreich, die Medien als Resonanzkörper ihrer Person zu benutzen. Nicht Argumente sollen überzeugen, sondern Aktionen sollen wirken. Peter Schneider (*1940) schreibt in seinen Erinnerungen: In der ersten „Demonstration [...] erlernten ich und viele andere die Grundregel jedes erfolgreichen Protests in der *Mediengesellschaft* [...].

---

1   Rainer Langhans (Ich bin's. Die ersten 68 Jahre. München 2008. S. 44f.) sieht hier, schon gleich zu Beginn der Selbstbewusstwerdung, eine grundsätzliche Spaltung dessen, was immer als (einheitliche) Studentenbewegung bezeichnet wird: Angesichts der „Mördersozialisation" (S. 50) in Kleinfamilien „fanden wir die Vorstellung der Veränderung der Produktionsverhältnisse geradezu reaktionär. Jedenfalls nicht radikal genug. Weil sie eben nicht an die Wurzel gehen würde. Deswegen war die Kommune das eigentliche Herz der Revolte. Das, was alle machen müssten." Wenn man die Ausdrucksweise beim Wort nimmt, zeigt sich bereits hier eine Eigenheit: Die moderne Gesellschaft wird nicht plural verstanden, sodass ihre Organisation nur den formalen Rahmen zur Verfügung stellt, in dem die Menschen – aufgrund der Unmöglichkeit allgemeiner Sinnvorgaben – in ihrem Handeln sich mit Argumenten über vorläufige, nicht mit dem Anspruch auf Letztbegründung (radikalen, an die Wurzel gehenden) Lösungen verständigen. Sondern sie wird, ganz im teleologischen Denken des 19. und frühen 20. Jahrhunderts als homogene und teleologische Institution verstanden. Die Gesellschaft kann daher von einem Punkt aus kuriert werden, vom „Herz der Revolte" aus, sodass dieses „Herz" vorgeben kann, „was alle machen *müssten*". Ein kollektives Zwangssystem. Zudem zählen nicht Argumente, sondern Taten. Sie ist eben *Bewegung*, die sich erst nachträglich rechtfertigt, weil die Tat eine neue Situation schaffen soll: „[...] das eigentümliche Amalgam aus Fetzen ziemlich disparater Theorien und avantgardistischer Praxis, die sich von demokratischen Mehrheitsregeln, von oft langwierigen Gruppen-Diskussionen und Konsensfindungen nicht binden, nicht blockieren läßt, sondern spontan vorprellt (sic!, ist *vorprescht* gemeint?, V.L.), durch *direkte Aktionen* neue Wirklichkeit und darüber, vielleicht, neues (politisches) Bewußtsein schafft. Aufklärung durch Aktion, Entstehung überschreitenden Denkens, nicht nur des Denkens der anderen, auch des eigenen, Selbstaufklärung also und Aufklärung nur *in* der Aktion: Primat der Praxis." (Miermeister, Jürgen: Rudi Dutschke. Reinbek bei Hamburg 1986. S. 48, Hervorh. von mir, V.L.). In der Verlagswerbung zu dem Buch *Klau mich* von Rainer Langhans und Fritz Teufel (Frankfurt/M., Berlin 1968) heißt es: „Die Satire will hier nicht Justizkritik üben, sie ersetzt in ihrer Totalität die antiquierten Rechtsnormen bereits!" (Baader, Andreas; Ensslin, Gudrun; Proll, Thorwald; Söhnlein, Horst: Vor einer solchen Justiz verteidigen wir uns nicht. Schlußwort im Kaufhausbrandprozeß. Frankfurt/M. o. J. [1968] [Voltaire Flugschrift 27]. o. S. Wir werden diesen beiden Denkmodellen (Autorität der Avantgarde / Primat der Praxis) immer wieder begegnen.

Es war diese Lektion, die die folgenden Jahre der Rebellion *prägte*"[1]. Uschi Obermeier (*1946), Mitglied der *Kommune I* in Berlin, drückte den Gedanken noch drastischer aus: „Einmal sagte ich zu meiner Mama: ‚Wenn ich nicht in die Zeitung komme, dann ermorde ich jemanden.'"[2] Ulrike Meinhof (*1934) war Journalistin, nicht mehr Studentin, als sie politisch aktiv wurde, und sie war sich völlig im Klaren darüber, welche Rolle die Popularität in der politischen Öffentlichkeit für den Erfolg spielt: „Popularität braucht kein Makel zu sein. [...] Weil Popularität kein Makel ist, ist Ludwig Erhard Bundeskanzler geworden."[3] Und dann zitiert sie eine Auffassung ungenannter Quelle, die wie ein Programm wirkt, nämlich dass die Meinungsforschung „den Politiker zum Schilfrohr im Zugwind einer mehr obskuren doch maßgeblichen öffentlichen Meinung" „degradiere"[4]. Um diese *Degradierung* ging es dem agierenden Teil der außerparlamentarischen Opposition. Um das Bloßstellen von Unfähigkeit und Ohnmacht. Um das Lächerlichmachen. Das gekränkte narzisstische Ich rächt sich an dem, der es kränkt, weil es nicht seinen Willen bekommen hat. Zuerst rächt es sich durch Beschämung. So besteht die berühmte, in Bernward Vespers Verlag[5] 1968 erschienene Broschüre *Klau mich* von Rainer Langhans und Fritz Teufel nicht aus klugen Analysen der Wirklichkeit, sondern ausschließlich aus Pressedokumenten und Gerichtsprotokollen, die kommentiert werden: „Jeder weiß jetzt, wer hier spinnt. Vorhang auf – das Stück beginnt!" Aufschlussreich hier schon, dass der angeblich politische Kampf als *Theaterstück* und damit die Öffentlichkeit

---

[1] Schneider, Peter: Rebellion und Wahn. Mein '68. Köln 2008. S. 101, 102f. (Hervorh. von mir, V.L.).

[2] Obermaier, Uschi [mit Kraemer, Olaf]: High Times. Mein wildes Leben. München 2007 (2. Aufl.). S. 12.

[3] Meinhof, Ulrike: Adenauer und die Volksmeinung. In: Konkret (1963). Nr. 11. Zit nach: Meinhof, Ulrike: Die Würde des Menschen ist antastbar. Aufsätze und Polemiken. Berlin 1980. S. 33–37. Hier S. 33.

[4] Meinhof: Adenauer und die Volksmeinung. S. 33.

[5] Bernward Vesper (1938–1971) war Sohn des Dichters Will Vesper (1886–1962) und Lebensgefährte von Gudrun Ensslin. Als Verleger gab er die *Voltaire Handbücher* heraus. Seinen Lebensweg beschrieb er in dem komplexen, zu Lebzeiten nicht veröffentlichten Buch *Die Reise. Romanessay.* Nach dem unvollendeten Manuskript herausgegeben und mit einer Editions-Chronologie versehen von Jörg Schröder. Frankfurt/M. 1977. Als von ihm herausgegebene und mit einem Nachwort versehene Voltaire Flugschrift 27 erscheint das *Schlußwort im Kaufhausbrandprozeß* von Andreas Baader, Gudrun Ensslin, Thorwald Proll, Horst Söhnlein: Vor einer solchen Justiz verteidigen wir uns nicht. Frankfurt/M. o. J. [1968].

als Bühne und die Massen als Zuschauer begriffen werden. Oder: „Die B.Z. [d.i. die im Springer-Verlag erscheinende *Berliner Zeitung*] spannt uns vor ihren Wagen."[1] In einem Werbetext für dieses Buch ist der Gedanke komprimiert ausformuliert: „Die Lächerlichkeit, tötet sie?"[2]

Die eigentliche Macht ist die Meinung der Öffentlichkeit; sie galt es zu beeinflussen. Die Aktivitäten einer kleinen aktiven Gruppe konnten es schaffen, medial als zentrales Thema zu erscheinen und so die weiterwirkende Vorstellung zu generieren, nach der das Verhalten der Minderheit die Einstellungen der Gesamtheit anzeige. Veröffentlichte Meinung und die Mehrheitsmeinungen fielen aber auseinander. Zu fragen ist doch: Was verändert sich realpolitisch oder soziostrukturell?

Ich will diese Entwicklung nicht politisch diskutieren, sondern lediglich aus ästhetischer Perspektive: Gibt es Indizien, die es nahelegen, „1968" als öffentliches Theater, also als ein ästhetisiertes Ereignis zu deuten, das von der Wirklichkeit ablenkte oder sie sogar unberücksichtigt ließ und nicht veränderte? Rainer-Werner Faßbinder hat dies im *Katzelmacher* so formuliert: „Weil, das paßt zu dem, was sowieso schon ist."[3] Passte also „1968" zu dem, was sowieso schon war?

Ich erhebe keineswegs auch nur in Ansätzen den Anspruch „Die Studentenbewegung" zu beschreiben, die, wie aus den Erinnerungen von Rainer Langhans zu erfahren ist[4], schon zu Beginn so unterschiedlich motiviert, zerstritten und aufgespalten war, dass ein einheitlicher Begriff für die gemeinten sozialen Erscheinungen verwegen wäre. (Deswegen spricht man auch häufig von „1968" – und vermeidet durch die Zeitangabe die Begrifflichkeit.) Soweit wie möglich versuche ich ein schichtenübergreifendes Narrativ zu beschreiben – wohl wissend, dass es eine Konstruktion ist und deshalb nur mit Vorsicht vorausgesetzt werden sollte. Denn ein Narrativ ist, was Friedrich Schiller, wie ich in der Einleitung zu diesem Buch dargelegt habe, den „herrschende[n] Wahn"[5] nennt, der die Wahrnehmung der Wirklichkeit verfälscht.

---

[1] Langhans; Teufel: Klau mich (unveränderte Nachaufl. Berlin o. J.). o. S. (das Buch ist unpaginiert).

[2] Verlagswerbung. In: Voltaire Flugschrift 27: Andreas Baader, Gudrun Ensslin, Thorwald Proll, Horst Söhnlein: Vor einer solchen Justiz verteidigen wir uns nicht. Frankfurt/M. o. J. [1968]. Unpaginiert, viertletzte Seite.

[3] Fassbinder, Rainer-Werner: Katzelmacher. Berlin 1985. S. 9. Vgl. S. 17 u. 18.

[4] Langhans: Ich bin's. S. 39–50.

[5] Schiller, Friedrich: Was heißt und zu welchem Ende studiert man Universalgeschichte? In: Der Teutsche Merkur. Bd. 4 (1789). S. 105–135. Hier S. 134.

Dieses Kapitel ist also keine Abhandlung über „Die Studentenrebellion", sondern der Versuch, Aspekte an ihr genauer zu verfolgen. Zuallererst die Behauptung, dass die Studentenbewegung eine *Rebellion* war. Führte sie zum Bruch oder war sie Teil eines Kontinuums?

Im Folgenden werden einige dieser Kontinuitäten herausgearbeitet, die einerseits die Unterschiede von vor und nach 1968 nicht ignorieren wollen, andererseits aber infrage stellen, dass ein Strukturwandel stattfand. Stattdessen lassen sich im ästhetischen Bereich Kontinuitäten aufzeigen; unter der kunstsoziologischen Annahme, dass Kunst gesellschaftliche Tendenzen indiziert, lässt sich so vermuten und die These aufstellen, dass soziale Strukturen trotz aller Bewegung gleichgeblieben sind. Ich wähle als Paradigmen zuerst die Musik und die Literatur – aus Gründen, die sich im letzten Kapitel, das sich der Politik widmet, erklären.

2. Die Musikrevolution?

2.1 Das Fortleben der 1950er in den 1960ern

Andernorts habe ich gezeigt, dass sich wesentliche Denkmotive der 1968er bereits in der Unterhaltungsmusik der 1950er Jahre nachweisen lassen.[1] Um das Material hier nicht erneut auszubreiten, wähle ich nun als Beleg für diese These Songs eines Schlagersängers, der zwischen 1960 und 1965 recht erfolgreich war. Seine Schlager griffen einerseits auf die musikalische Ästhetik der Unterhaltungsmusik in den 1950er Jahren zurück, sprachen aber andererseits in überraschender Klarheit die Themen an, die allgemein den 68ern zugeschrieben werden. Gerade weil der Interpret heute nicht mehr sehr bekannt ist, hat seine mittelstarke Popularität Anfang der 1960er Jahre paradigmatische Bedeutung. Seine Lieder trafen offensichtlich den Zeitgeist – und *nur* ihn. Seine Arbeiten sind, freudianisch formuliert, verdrängt worden und müssen nun anamnetisch rekonstruiert werden. Sie belegen ein kulturelles Kontinuum zwischen den 1950ern und den 68ern.

Der Sänger Gerd Böttcher (1936–1985) aus Berlin absolvierte nach seinem Schulabschluss eine Gärtnerlehre und nahm anschließend Gesangsunterricht. Er gehörte mithin zu jener Gesellschaftsschicht, für die sich die Studenten-Rebellen besonders einsetzen wollten: zum werktätigen Volk. Bei

---

Aufschlussreich ist, dass Peter Schneider seine Erinnerungen an 1968 „Rebellion und Wahn" nennt.

[1] Vgl. Ladenthin, Volker: Der Schlager und die 68er. Zur Kontinuität einiger Deutungsmuster aus den 1950er Jahren. In: Mattern, Nicole; Neuhaus, Stefan (Hg.): Handbuch „Literatur und Kultur der Wirtschaftswunderzeit" (im Druck).

einem seiner Auftritte als Amateur fiel er dem einflussreichen Orchesterleiter Werner Müller auf, der ihn ab 1960 bei der deutschen *Decca* produzierte.[1] Gleich die erste Single war ein Hitparadenerfolg, die deutsche Version des von Hank Williams 1952 popularisierten *Jambalaya*. Wie sehr diese Aufnahme noch den Geist der 1950er Jahre atmete, zeigt, dass die textgleiche Version bereits 1953 in Deutschland ein großer Hit des seinerzeit sehr beliebten Gerhard Wendland war. Der angeblich neue Hit war also in Wirklichkeit „ein Lied aus alten Zeiten" – genau wie jenes Lied, aus dem die zitierte Zeile stammt: *Sing, Nachtigall, sing*, das 1941 durch Evelyn Künneke populär gemacht worden war und das Böttcher 1960 noch einmal aufnahm. Interessant ist hier der Geschlechterwechsel bei einem Lied eindeutig sexuellen Inhalts. Hier verwischen traditionelle Geschlechterklischees. Ein sexueller Rollentausch ist problemlos möglich. Der textlich durchaus ein wenig an die *Dreigroschenoper* erinnernde Song *Oh, Billy Billy Black* (1961) baut auf dem *Harry-Lime-Thema* aus dem Film *Der dritte Mann* (1950) als musikalischer Basis auf. Die damals in gepflegten Kurgärten bei Wunschkonzerten gern gespielte *Barcarole* (ca. 1881) von Jacques Offenbach war die Grundlage für *Adieu – Lebewohl – Goodbye* (1960). Im Herbst 1960 coverte Gerd Böttcher unter dem Titel *Ich komme wieder* den Elvis Presley-Hit *It's Now or Never* aus dem gleichen Jahr, der seinerseits auf dem Lied *'O sole mio* von 1898 beruhte. Es bedarf kaum weiterer Belege dafür, dass Böttcher musikalisch die 1950er Jahre fortsetzte und dass diese traditionelle Schlager-Ästhetik seine musikalische Norm war. Zugleich deuteten seine Texte aber genau das an, was man mit dem lustbetonten politisierten Lebensgefühl der 68er verbindet. Um die Belege nicht ausufern zu lassen, hierzu nur zentrale Hinweise.

Seit den beiden Hits über Vagabunden (*Vagabundenlied*, 1953; *Der lachende Vagabund*, 1957) gehörte die Metapher vom genussfixierten Herumtreiber zu den Stereotypen der Unterhaltungsindustrie.[2] *On the road again*, wie es *Canned Head* 1969 in Woodstock vortrug, hieß, vielfältig unterwegs zu sein. Dabei hatte der Ausdruck des Wanderns metaphorische Bedeutung, ließ nicht nur Unabhängigkeit und Abenteuerlust, Glückssuche und Alkoholkonsum assoziieren, sondern war auch als sexuelle Metapher gemeint. Der englischsprachige Songtitel spielte auf den berühmten Roman gleichen Titels

---

[1] Ich weise die Verszeilen nicht immer einzeln nach; alle zitierten Lieder finden sich auf der LP/CD: *Für Gabi tu' ich alles* (1987; Bear Family Records BCD15402). Wenn keine Schriftfassungen vorlagen, habe ich die Texte nach Gehör abgeschrieben.

[2] Spezialisten wissen, dass das 1991er Album von Rod Stewart *Vagabond Heart* betitelt war. Es nahm die alte Metaphorik auf.

von Jack Kerouac an, der 1957 in den USA und 1959 in Deutschland bei Rowohlt erschienen war und von Hans Magnus Enzensberger verrissen wurde: Ihm gefiel der Roman so gar nicht. Er warf dem Roman „Ortswechsel als Selbstzweck; ferner eine programmatisch geforderte Promiskuität und Obsession mit dem Gebrauch von Narkotika"[1] vor – also das, was man den 1950er Jahren unterstellt, gar nicht gehabt zu haben – und was zum Lebensmodell der 60er Jahre werden sollte. Im Song *The Wanderer* (amerikanisches Original 1961) floss beides zusammen, gelebte Promiskuität und Ortswechsel als Selbstzweck. Ted Herold brachte in seiner Version die gelebte Sexualmoral auf die kulturell übliche Chiffre: Ich „bin ein Wandrer/ ich finde alle, alle, alle Girls so süß." (Polydor 24 795). Das letzte fanden Mick Jagger und Keith Richards in dem Song *Some Girls* (von 1978) auch, was ihnen Klagen von Frauenrechtlerinnen einbrachte. Die libertinäre Phase der Vagabunden aus den 1950ern ging langsam ihrem Ende zu. In *Jambalaya* besingt Böttcher, mit deutlicher Bewunderung für diesen Lebenswandel, einen Wanderer und seine Beschäftigungen: „‚Jambalaya'/ Ruft der Señor und dann küsst er/ Jambalaya./ Und die er küsst/ Die vergisst er,/ denn sein Herz […]/ Das will wandern/ Und gehört darum schon bald einer ander'n." Das Ganze kann verallgemeinert werden: „Ich bin den Straßen alleine treu", bedeutet, dass er wandern muss… und das Lied (*Ich kenn' die Straßen der weiten Welt*, 1962) erzählt, wie er sich aus den Armen der derzeitigen Geliebten „reißt", um ziellos weiterzuziehen („Ortswechsel als Selbstzweck"). In einem seiner größten Hits bekennt Gerd Böttcher 1962: „Schön war das Wandern,/ Von einer zur andern". Wir finden hier nicht nur das Bekenntnis zu der von Enzensberger indizierten Promiskuität, sondern auch die Begründung: „Schön." Es geht um das *schöne* Handeln, nicht um das sinnvolle Handeln. Der Text also, der die 1950er und 1960er Jahre verbindet, gibt auch zugleich eine Brücke der Verbindung an: Die Ästhetisierung der Lebenswelt.

Das Lied *Heut Nacht* (1960) fordert in erotischer Stimme zu nichts anderem auf als jenes *Let's spend the night together* der *Rolling Stones* und wäre an Eindeutigkeit nur durch obszönen Sprachgebrauch zu steigern gewesen: „Du darfst noch nicht gehen, die Nacht ist so schön." Bei diesem Spruch wusste nun wirklich jeder, was gemeint und beabsichtigt war. Es war behauptet worden: „Drogen und Sex gehören indes zu den härtesten Tabus der bürgerlichen Gesellschaft. Indem die Beat-Lyrik beide unverblümt verherrlicht,

---

[1] Enzensberger, Hans Magnus: Die Aporien der Avantgarde. In: Enzensberger, Hans Magnus: Einzelheiten. Frankfurt/M. 1962. S. 291–315. Hier S. 305, Fußnote 10.

fordert sie Verbotsaktionen des Establishments geradezu heraus."[1] Das mag vielleicht stimmen.[2] Aber Sex und Hedonismus waren das Lebensgefühl und damit die klassischen Themen der Schlager in den 1950er Jahren und blieben es unverändert. Und wenn man Biographien der 1950er Jahre liest, zeigt sich dieser Hedonismus auch im Alltag, wie der spätere Kommunarde Rainer Langhans bestätigt, wenn er die Situation in seiner bürgerlichen Familie beschreibt:

„Mein Vater hieß Hartwig, er war ein sinnlicher Mann. Einer, der schnelle Autos liebte [...]. Er hatte etwas von einem Latin Lover und konnte seine Finger von Frauen nicht lassen. [...] Mein Vater, der Dandy [...]. Partys und Gesellschaftsleben, Liebesaffären und schnelle Autos, das liebte er. Auf Beziehungen [...] konnte er sich nicht wirklich einlassen. Zeitweise lebte er bei anderen Frauen."[3]

Ortswechsel und Promiskuität, wie Enzensberger es beschrieb. Uschi Obermaier, in der *Kommune I* Lebensgefährtin von Rainer Langhans, berichtet das Gleiche von ihrem Vater, der, obwohl er in sozial anderen Verhältnissen lebte, ein „Bruder Leichtfuß war, [...] ein blonder, gut aussehender Mann mit Tolle, ein Schlagzeuger und echter Lebemann. Ich hatte ein Foto von meinem Vater, auf dem er aussah wie ein Gangster – ich mochte immer schon die Bösewichter."[4] Im Grunde lebten die Väter von Rainer Langhans und Uschi Obermaier zwischen 1950 und 1960 das Leben, das in den Schlagern jener Zeit bewundernd besungen wurde. Die Väter hatten zudem längst jene Art von Leben geführt, die ihre Kinder 1968 erst entdecken und dann fordern würden.

Dabei gilt die Promiskuität im Schlager keineswegs nur für Männer, wie immer behauptet wird; ganz im Gegenteil: „Weil mein Vater auf attraktive Frauen stand, habe ich mir gedacht, dass ich auch eine tolle Frau werden muss."[5] Auch in den Liedtexten der 1950er und frühen 1960er sind die Geschlechter in einer Art gleichberechtigt, wie es der studentenbewegte deut-

---

[1] Schmidt-Joos, Siegfried: Beat: Musik der Generation des ‚Involvement'. In: Kaiser, Rolf-Ulrich (Hg.): Protestfibel. Formen einer neuen Kultur. Bern, München, Wien 1968. S. 11–25. Hier S. 22.

[2] Man könnte aber auch die These vertreten, dass die Libertinage an der Erhaltung der herrschenden Machtverhältnisse interessiert ist, weil sie von ihnen ermöglicht wird; vgl. Ladenthin, Volker: „Als die Liebe laufen lernte". Über die ‚Aufklärung' in den Endsechzigern und heute. In: neue praxis 19 (1989). H. 4. S. 336–339.

[3] Langhans: Ich bin's. S. 11–12.

[4] Obermaier: High Times. S. 9.

[5] Obermaier: High Times. S. 12.

sche Feminismus theoretisch erst später zu formulieren wagte: „Ich hab' es längst gewusst, mein Schatz, Du bist kein Engel/ In Deinem Herzen herrscht gefährliches Gedränge./ Ein Dutzend and're Männer, die fühl'n sich so allein." (*Ein Dutzend and're Männer*, 1962). Damit geht einher, dass der Sänger bereit ist, die dem männlichen Geschlecht traditionell zugeschriebenen Rollenmerkmale sofort aufzugeben: „Ich helf' seit Wochen, ihr täglich beim Kochen,/ [...] Ich trag' auch munter,/ Den Mülleimer runter". Man mag dies als Kleinigkeiten abtun, als Selbstverständlichkeiten, aber es sind lediglich Beispiele für die Absicht, die dahintersteht: „Für Gabi tu ich *alles*" (1962). Hier wird nur der Anfang beschrieben: Die Suspendierung des traditionellen Rollenbildes.[1] Die Macht der Frauen ist längst anerkannt[2], auch ihre Sirenenhaftigkeit, die die Männer ins Verderben führte: „Die Mädchen dort auf Java singen wie die Loreley" (*Meine Braut, die kann das besser*, 1963). Die Entscheidung über die Zukunft soll die Frau treffen: „Carolin, sag mir endlich, was soll aus uns werden,/ sonst muss ich gehn." (*Carolin*, 1961). Auch hier bestätigen Biographien, dass so gelebt wurde, wie es in den Schlagern besungen worden war: „Als ich geschlechtsreif wurde [ca. 1958] und anfing an Sex zu denken [...]. Ich stand schon früh auf Jungs"[3] – was die Autorin in Art und Folgen in ihrer Autobiographie dann auch darlegt. Die Männer, die ungebunden leben wollten, konnten dies nur, wenn sie Partnerinnen fanden, die auf die gleiche Weise leben wollten. Und umgekehrt. 1968 hatte man in der Studentenbewegung ein anderes Frauenbild. Im Revolutionslexikon von 1968 hieß es unter dem Lemma „Demonstrationstechnik": „Gegen Absperrungen sind Demonstrationsketten sehr wirkungsvoll (je 8-10 Mann haken sich fest unter; ein bis zwei Mädchen sollten dabei sein)."[4] Da waren die demonstrierenden Männer doch recht großzügig.

Die Metapher des Wanderns hatte es nahegelegt: Auf Beziehungen wollte man sich nicht wirklich einlassen. Und das amourös relevante Personal der Schlager ist längst international. Im Lied *Ich kenn die Straßen der weiten Welt* (1962) werden die global verteilten Liebschaften anhand der Namen erinnert: Singende Mädchen auf Tahiti, tanzende auf Java und küssende

---

[1] Das Lied *Uschi mach kein Quatsch* von Stephan Sulke wird sich metaphorisch kaum weiterentwickeln, stammt aber aus dem Jahre 1981.
[2] Ganz anders die politisierte Studentenbewegung, wie sich Rainer Langhans (Ich bin's. S. 42) erinnert: „Die meisten Männer haben ganz klar gesagt: Die Frauenfrage, das interessiert uns nicht. Wir arbeiten für die Revolution und dürfen uns nicht an irgendwelchen Nebenschauplätzen verzetteln."
[3] Obermaier: High Times. S. 10 u. 16.
[4] Weigt: Revolutionslexikon. S. 13.

auf Samoa werden besungen: „Auf der letzten Südseereise habe ich es mal probiert" (*Meine Braut, die kann das besser*). Eine andere Braut trägt den Namen „Tina Lou". Die „Susi nimmt sich einen andern Boy", stammt also ebenfalls aus einer anglophonen oder anglophilen Region, denn „sie sagt jedem anderen glatt Bye-bye". Der Sänger verabschiedet sich von der Italienerin „Bambina", der er die Rückkehr verspricht. Er besingt die Zambos aus Peru, denn „in der Nacht lauscht man gerne ihrem Gruß" (*Jambalaya*). Kurz: „Ich habe doch noch gar nichts gesehen […] Abenteuer, Wind und Meer/ die rufen mich hinaus." (*Adieu – Lebewohl – Goodbye*, 1960). Nicht Deutschland, sondern die ganze Welt wird zum Aktionsfeld des lyrischen und erotischen Ichs. Das Zeitgefühl pendelt zwischen Zigarettenwerbung, dem „Duft der großen weiten Welt" von *Peter Stuyvesant*, kommunistischer Internationale und kapitalistischer Globalisierung.[1]

Manche Lieder sind aus der Perspektive jener Arbeiterklasse geschrieben, aus der der Sänger stammte, und die die rebellierenden Studenten nie erreichen sollten: Der Kauf eines eigenen Traumhauses, eines Bungalows in Portofino, muss scheitern, denn „wovon sollt ich das bezahlen", selbst „wenn wir beide fleißig sparen": „Denn meine Taschen sind leer" (*Bing-Bang Bungalow*, 1963). Das erinnert den heutigen Leser an das ironisch gemeinte Plakat von Klaus Staeck, „Deutsche Arbeiter! Die SPD will euch eure Villen im Tessin wegnehmen" (1972), und zeigt, dass das Thema 1963 längst kritisch im Schlagerbewusstsein aufgenommen worden war. Es gab unerreichbare Orte für Arbeiter, die der Schlager benennt. Ein anderer Hit von Böttcher bringt Kapitalismuskritik und neue Sensibilität zusammen. Er beklagt, dass sich eine Freundin nur an jenem orientiere, was im kapitalistischen Wirtschaftsmodell zählt, am Geld also. Liebe wird zum Warenaustausch: „Mein Herz ist voller Liebe, denn Susi lieb ich sehr,/ Mein Herz ist voll, doch leider sind die Taschen leer./ Ich hab so Angst, die Susi nimmt sich einen andern Boy,/ Einen der das eine hat, was ich nicht hab – Geld wie Heu." (*Geld wie Heu*, 1961).

Das Lied bleibt aber bei dieser Kapitalismuskritik nicht stehen, bei der Kritik an einem Kapitalismus, in dem auch die Gefühle verdinglicht werden, sondern entwickelt die Alternative: „Denn heute weiß ich, sie sagt jedem anderen glatt Bye-bye,/ Wenn er auch das eine hat, was ich nicht hab – Geld

---

[1] Vgl. den ironischen Titel eines 1968 spielenden Romans von Eric Ambler, bei dem der Name der kommunistischen *Komintern* umgedreht und zum kapitalistischen *Intercom*-Unternehmen wird: Das Intercom-Komplott (englischer Originaltitel: The Intercom Conspiracy) von 1969, der 1971 in deutscher Übersetzung erschien.

wie Heu". Wir erfahren aus diesem Lied nur indirekt, warum sich Susi schließlich doch nicht den allgemeinen Gesetzen des Kapitalismus beugt: Es geschieht aus wahrer Liebe. „Daß *love* – Liebe – ein Schlachtruf der amerikanischen Hippies geworden ist, scheint symptomatisch."[1] Ja, aber der Schlachtruf war schon allgegenwärtig in den kommerziellen Jugend-*Marseillaisen* aus den 1950ern und frühen 1960ern. Neu ist an der Idee nichts.

1965 singt Böttcher dann, zwar aus Liebeskummer, aber deutlich verallgemeinernd: „Warum muss *alles* denn so sein"? (*Ich finde nichts dabei*, 1965) und er bekennt: „Ich wäre so gern dabei, wenn diese Träume Wahrheit sind." Hier treffen sich zwei Motive, die die Öffentlichkeit 1968 als neu, progressiv und unerhört bezeichnen wird: Die radikale Infragestellung *aller* gesellschaftlichen Wirklichkeit, des *ganz* Falschen, und das Ansinnen, die bisherigen utopischen Träume endlich zu verwirklichen („Utopie ist machbar/ Herr Nachbar", hieß es an den Hauswänden). Dass dies 1965 aus Liebeskummer formuliert wird, ändert nichts an der Allgemeingültigkeit, die beide Konzepte haben – im Schlager. Es sind ästhetische Konzepte, die ab 1967 als solche das Handeln bestimmen werden.

Der Brückenkünstler Gerd Böttcher, der noch ganz in der Ästhetik und den Harmonien der 1950er Jahre sang, thematisierte zahllose Denkmodelle, die als typisch für die 1968er gelten. Die angebliche Epochenschwelle wird bereits flacher; es wird sich zeigen, dass sie ganz verschwindet.

2.2 Die progressive Popmusik?

Als Merkmal des Strukturwandels wird bis heute die eruptive Entstehung einer progressiven Musik „zwischen Galaxis und Underground"[2] angesehen, die diese „in ein neues *Stadium*" eintreten ließe, „in dem ihr zumindest technisch keine Grenzen mehr gesetzt sind"[3]. Die Musik sei eine der „Formen einer *neuen* Kultur"[4]; sie sei *an sich* schon *Protest* und daher Ausdruck einer Kulturrevolution: „Underground? Pop? Nein! Gegenkultur"[5] – wie es ein Buchtitel kurz und bündig zusammenfasste. Der völlig neue soziale Impetus der progressiven Popmusik laute: Diese „Ware entsteht aus der Befriedigung

---

[1] Schmidt-Joos: Beat. S. 18 (Hervorh. im Orig.).
[2] Hoffmann, Raoul: Zwischen Galaxis & Underground. Die neue Popmusik. München 1971.
[3] Schmidt-Joos: Beat. S. 25 (Hervorh. von mir, V.L.).
[4] Kaiser, Rolf-Ulrich (Hg.): Protestfibel. Formen einer neuen Kultur. Bern, München, Wien 1968 (Hervorh. von mir, V.L.).
[5] Kaiser, Rolf-Ulrich: Underground? Pop? Nein! Gegenkultur. Köln, Berlin 1969.

an der Produktion"¹. Diese Musik thematisiere nicht die Revolution, sie *sei* bereits die Revolution. Sie nehme das zentrale Merkmal der kapitalistisch bestimmten Moderne zurück, die von Karl Marx attestierte Entfremdung. Diese Musik durchbreche nicht nur alle bisher bekannten Regeln der Musik, sondern zugleich auch die Regeln der kapitalistischen Produktionsweise und damit das kapitalistische, selbstzerstörerische Gesellschaftssystem mit seinem Materialismus, mit seiner Lustfeindlichkeit, mit Verdinglichung, Gewalt, Unterdrückung und Krieg. Der Erfolg der neuen Popmusik sei der manifeste *Beginn* einer anderen, besseren Welt: „This is the dawning of the age of aquarius", wie gleich zu Beginn im Musical *Hair* gesungen wird, und dieses neue Zeitalter („age") symbolisiere „peace" und „love".² Das Musical benötige keine „story", sondern begnüge sich mit „theme" und „attitude".³ Es stelle nichts dar, sondern es *sei*. Das Musical „is a celebration"⁴, wie die *New York Times* das Selbstverständnis des *Tribal Love-Rock Musicals* ausformulierte. Es *realisiere* bereits das Bessere der künftigen, befreiten Welt, in der die Träume Wahrheit würden. Diese Musik könne so als Indikator der sozialen Revolution, der Kulturrevolution verstanden werden, als Aufbruch in ein neues Zeitalter. Soweit der Anspruch.

Im Jahr 1966 erschien auf dem *Immediate*-Label, das von Andrew Loog Oldham (*1944), dem Manager der *Rolling Stones*, gegründet worden war, eine Langspielplatte mit dem Titel *Pop Symphony*. Die Musiker bezeichneten sich als *The Aranbee Pop Symphony Orchestra*. Das Wort *Aranbee* stand für „R 'n' B", also Rhythm and Blues, einen amerikanischen Musikstil der 1950er Jahre. Auf dem Label war zu lesen: „Under the Direction of Keith

---

1   Hoffmann: Zwischen Galaxis & Underground. S. 63.
2   Hair. The American Tribal Love-Rock Musical. Book & Lyrics by Gerome Ragni and James Rado. Music by Galt MacDermot. New York 1969 (6. Aufl. 1970). S. 3 u. 2.
3   Barnes, Clive: Theater: ‚Hair' – It's Fresh and Frank. In: The New York Times. April 30, 1968. S. 40. Anlässlich von Meldungen über Studentenunruhen in der *New York Times* vom darauffolgenden Tag, dem symbolischen 1. Mai 1968, setzte Uwe Johnson einen kritischen Dialog über diese Unruhen in seinen Roman *Jahrestage*. Auf den Hinweis, dass der Protest in einem Land, in dem nur der Erfolg zähle, recht erfolglos gewesen sei, heißt es: „Da wäre noch die publicity". Und weiter: „Wenn du darauf bestehst, Gesine: Es sind Studenten aus der weißen Mittelklasse." (Johnson, Uwe: Jahrestage 3. Aus dem Leben von Gesine Cresspahl. Frankfurt/M. 1973. S. 1093). Die beiden Motive werden genannt: Die allein mediale Inszenierung der Rebellion, die zum ästhetizistischen Spiel der Mittelklasse wird.
4   Hair. The American Tribal-Love-Rock Musical. Zit. nach Buchrückseite.

Richard", wie sich damals einer der beiden Gitarristen der *Rolling Stones*, Keith Richards, nannte. Das Cover zeigte Karikaturen der *Beatles*, des Gesangspaars *Sonny and Cher*, Keith Richards' und zweier Gestalten, die in Kostüme des 18. Jahrhunderts gekleidet waren. Das Outfit entsprach dem Konzept, denn der Untertitel der Platte lautete: „A New Conception of Hits in Classical Style". Gleich der erste Titel, *There's a Place*, von John Lennon und Paul McCartney komponiert, klang, als wenn ein Kurorchester in Brighton zum Tanz aufspielte. Nur ein *joke*?

Im Dezember desselben Jahres nahm die damals weltberühmte Opernsängerin Cathy Berberian Songs auf, die dann unter dem Titel *Beatles Arias* erschienen: Erfolgreiche Titel der gleichnamigen Gruppe, aber arrangiert, als stammten sie aus dem 18. oder 19. Jahrhundert. Das war möglich, weil sich die Musik, die eine Generation damals als völlig neu empfand, in den Idiomen des musikalischen 19. Jahrhunderts artikulierte. Theodor W. Adorno hatte dies immer wieder und unter fassungslosem Protest der Fans festgestellt, zuerst bezogen auf den Jazz – womit er anfangs die Musik der Swing-Ära und der 1950er Jahre meinte, noch nicht Free Jazz oder Jazz Rock. Leicht aber ist zu erkennen, dass die Strukturmerkmale, die Adorno benennt, jene der Popmusik insgesamt sind. Die soziologische Bedeutung seiner Analyse ist allerdings kaum rezipiert.

Es geht im Zusammenhang unserer Fragestellung nicht darum, Adornos Bewertungen und Urteile zu übernehmen. Hier geht es allein darum, seine Strukturbeschreibungen zu bemühen, und dies auch nur im Hinblick darauf, ob der Jazz und die dem frühen Jazz ähnliche Popmusik einen Strukturwandel in der Musikgeschichte erkennen lassen – der dann auf einen geschichtlichen Strukturwandel hinweisen könnte.

Adorno hatte durchaus zugestanden, dass „jene spezifische Qualität der Evergreens – auf der übrigens der hartnäckige Anspruch der leichten Muse beruht, Ausdruck ihrer Zeit zu sein – nicht stur abzuleugnen"[1] sei. Ja, „das Klima des Jazz hat die teenagers von dem sentimentalen *Muff* der Gebrauchsmusik ihrer Eltern befreit"[2], wie es Adorno 1962 in einer Vorlesung formulierte. Und sicherlich stecke „im Jazz das Potential eines musikalischen Ausbruchs aus der Kultur für diejenigen, die sei's zu dieser nicht zugelassen

---

[1] Adorno, Theodor W.: Einleitung in die Musiksoziologie [1961/62]. Frankfurt/M. 1975. S. 52. Adorno benutzt 1962 in einer musiktheoretischen Vorlesung das Wort „Muff", das 1967 durch ein Banner zu einem hochschulpolitischen Schlagwort der Rebellen werden sollte: „unter den Talaren/ Muff von 1000 Jahren".

[2] Adorno: Einleitung in die Musiksoziologie. S. 48 (Hervorh. von mir, V.L.).

waren, sei's sich ärgerten an ihrer Verlogenheit."[1] Zwar gesteht er dem Schlager und dem Jazz zu, Signatur der Zeit zu sein, aber: „Der groben und drastischen Verfallsgeschichte von Typen und Formen leichter Musik steht eine eigentümliche *Konstanz* ihrer musikalischen Sprache gegenüber. Sie hält durchweg mit dem depravierten spätromantischen Vorrat haus."[2] Die Funktion der Zeitsignatur sei eine „paradoxe Leistung" dieser Musik, weil sie zwar etwas „Spezifisches und Unverwechselbares" träfe, allerdings „mit einem völlig abgegriffenen und nivellierten Material"[3] artikulierte.

Die U-Musik sperre „sich nicht gegen Nouveautés. Aber sie bringt sie um Funktion und freie Entfaltung [...], [sie werden] als *Aufputz* der starr traditionellen Sprache hinzugefügt."[4] Es seien „falsche Fassaden" und „bloße Ornamente"[5], die „Darbietung des Immergleichen durch immer neue Aufmachung"[6]. „Wie bei Moden geht es um Aufmachung und nicht um die Sache"[7], denn die Produkte der Unterhaltungsmusik müssten „gleichzeitig stets dasselbe sein und stets das Neue vortäuschen"[8], „der Norm ein Schnippchen [...] schlagen, ohne doch im Ernst jemals von ihr sich zu entfernen."[9] Das, was in der Unterhaltungsmusik als neu erscheine, bleibe „innerhalb eines unerbittlich strikten *Schemas*"[10]. Auch der Jazz zeige eine „strenge Stereotypik"[11], eine, wie Adorno 1961 formulierte, „seit bald fünfzig Jahren unveränderte

---

[1] Adorno: Einleitung in die Musiksoziologie. S. 49.
[2] Adorno: Einleitung in die Musiksoziologie. S. 39 (Hervorh. von mir, V.L.).
[3] Adorno: Einleitung in die Musiksoziologie. S. 52.
[4] Adorno: Einleitung in die Musiksoziologie. S. 39 (Hervorh. von mir, V.L.).
[5] Adorno, Theodor W.: Musikalische Aphorismen [1927]. In: Adorno, Theodor W.: Gesammelte Schriften. Hg. v. Rolf Tiedemann [...]. Bd. XVIII. Frankfurt/M. 1984. S. 13–44. Hier S. 25.
[6] Adorno, Theodor W.: Neunzehn Beiträge über neue Musik. [1946]. In: Adorno, Theodor W.: Gesammelte Schriften. Hg. v. Rolf Tiedemann [...]. Bd. XVIII. Frankfurt/M. 1984. S. 57–176. Hier S. 72.
[7] Adorno, Theodor W.: Zeitlose Mode. Zum Jazz [1953]. In: Adorno, Theodor W.: Prismen. Kulturkritik und Gesellschaft. Frankfurt/M. 1976. S. 144–161. Hier S. 146.
[8] Adorno, Theodor W.: Über Jazz [1936/37]. In: Adorno, Theodor W.: Gesammelte Schriften. Hg. v. Rolf Tiedemann [...]. Bd. XVII. Frankfurt/M. 1984. S. 74–108. Hier S. 84.
[9] Adorno: Neunzehn Beiträge. S. 71.
[10] Adorno: Einleitung in die Musiksoziologie. S. 39.
[11] Adorno: Über Jazz. S. 74.

Grundidee"[1]. Deswegen war es möglich, aktuelle Hits in klassischem Stil zu spielen. „Die *Konturen* bleiben die alten."[2] Und: „Diese *Formeln*, insbesondere die rhythmischen, sind bereits zwischen 1905 und 1910 im Ragtimestil vollzählig versammelt"[3]. Deshalb gebe es keinen „*konstitutiven* Unterschied zwischen Ragtime und Jazz […] wie zwischen Jazz und Swing"[4]. „Zu den *Grundcharakteren* [sind] keine neuen hinzugetreten, nur die bestehenden wurden modifiziert"[5], Klang und Instrumentierung mochten sich verändern, jedoch „ohne die harmonisch-melodische Konvention der tradierten Tanzmusik *fundamental* zu brechen."[6] Die „Grundstruktur" der herkömmlichen Tanzmusik wurde „nicht *wesentlich* verändert"[7]. Zusammenfassend stellt Adorno fest, dass „das Prinzip, die rhythmische Verfahrensweise […] im raffiniertesten Jazz und in der ordinären *popular music* dasselbe"[8] sei, die „Grundidee"[9], die „Struktur des musikalischen Verfahrens"[10] blieben gleich. Was über den Jazz und seine Entwicklung zu sagen wäre, gelte für die „popular music in all ihren Versionen"[11] schreibt Adorno in den 1960er Jahren, als sich die angeblich neue, progressive Popmusik schon angekündigt hatte. „Die Differenz der Jazztypen […] ist eine der Façon, nicht der *Struktur* des musikalischen Verfahrens. Daher sind die Übergänge so fließend […]."[12]

---

1 Adorno: Einleitung in die Musiksoziologie. S. 48 (Hervorh. von mir, V.L.).

2 Adorno: Über Jazz. S. 86 (Hervorh. von mir, V.L.).

3 Adorno, Theodor W. [Rez.]: Wilder Hobson, American Jazz Music. New York: Norton & Company 1939. Winthrop Sargeant, Jazz Hot and Hybrid. New York: Arrow Editions 1938 [1941]. In: Adorno, Theodor W.: Gesammelte Schriften. Hg. v. Rolf Tiedemann […]. Bd. XIX. Frankfurt/M. 1984. S. 382–399. Hier S. 383 (Hervorh. von mir, V.L.).

4 Adorno [Rez.]: Wilder Hobson, American Jazz Music. S. 383 (Hervorh. von mir, V.L.). Man sieht, wie Adorno, anders als die gegen seine Analysen behaupteten Vorwürfe es angeben, sehr wohl zwischen Jazz und Swing unterscheidet.

5 Adorno: Über Jazz. S. 84 (Hervorh. von mir, V.L.)

6 Adorno: Über Jazz. S. 74 (Hervorh. von mir, V.L.).

7 Adorno: Neunzehn Beiträge. S. 71 (Hervorh. von mir, V.L.).

8 Adorno, Theodor W.: [Für und wider den Jazz]. In: Merkur 7 (1953). H. 67. S. 890–893. Hier S. 891. Hervorh. im Orig.

9 Adorno: Neunzehn Beiträge. S. 71.

10 Adorno, Theodor W.: [Für und wider den Jazz]. S. 891.

11 Adorno, Theodor W.: Ästhetische Theorie. Frankfurt/M. 1974 (2. Aufl.). S. 177.

12 Adorno, Theodor W.: [Für und wider den Jazz]. S. 891 (Hervorh. von mir, V.L.).

Sollte Kunst wirklich gesellschaftliche Verhältnisse widerspiegeln oder zumindest indizieren, dann zeigt die Geschichte der Unterhaltungsmusik zwischen 1910 und 2010 an, dass sich in der Gesellschaft vieles verfärbt, aber nichts strukturell verändert hat. Musikalisch gesehen wäre 1968 dann keine Epochenschwelle, und damit liegt die kultursoziologische Vermutung nahe, dass sich auch gesellschaftlich nichts geändert hat. Die modische Umkleidung der Strukturen ist lediglich bunter geworden. Vom Pastell zur Schockfarbe.

Nun braucht man vielleicht gar nicht diesen ästhetischen Scharfsinn aufzubringen. Die angeblich neue progressive Popmusik maß sich selbst an der Tradition, die sie fortführte. Man muss nur das Rock-Lexikon konsultieren, jenes erste deutsche Standardwerk der neuen Pop-Musik, um zahllose Belege zu finden: Über Roy Orbison lesen wir, dass er seine „Songs" „wie Opernarien" „behandelte"[1]. *Pink Floyd* betreiben, laut Rock-Lexikon, „eklektizistische Imitationen seriöser Konzertmusik [...]. Die Dominantseptakkord-Reihen aus Bachs G-Moll-Präludium [...] kehrten in ihren Stücken fortan häufig wieder."[2] Der Organist Jon Lord (1941-2012) habe „von Beginn an Deep Purple durch klassische Musikstrukturen geprägt"[3]. *Verbeatet Klassik* hieß eine Langspielplatte des damals vierzigjährigen Orchesterleiters Erich Becht (HÖR ZU SHZE 228), auf der die Musik des 19. Jahrhunderts im Stil der Beat-Musik gespielt wurde, so, wie man schon vorher überlieferte Musik „verjazzt"[4] hatte. *The Nice* aus Großbritannien oder *Ekseption* aus den Niederlanden machten, was der Franzose Jacques Loussier (*Play Bach*) in den 1950ern und der Amerikaner Walter Carlos (*Switched-On Bach*, 1968) in den 1960ern gemacht hatten: Sie arrangierten Bachpartituren als Pop-Musik.

Und die Hauptsignifikate der neuen Popmusik begannen ihre musikalischen Laufbahnen mit Songs, die die bruchlose Tradition und die fließenden Übergänge anzeigten: Bei ihren ersten Studioaufnahmen coverten die *Beatles* mit *Ain't she sweet* einen Pop- und Jazzstandard aus dem Jahr 1927, den Milton Ager (Musik) und Jack Yellen (Text) in der Tin-Pan-Alley-Phase komponiert hatten.[5] Die *Rolling Stones* eröffneten ihre allererste LP mit dem Titel *Route 66*, einem Standard, der 1946 von Bobby Troup geschrieben und im

---

[1] Schmidt-Joos, Siegfried; Graves, Barry: Rock-Lexikon. Reinbek bei Hamburg 1973. S. 208.
[2] Schmidt-Joos; Graves: Rock-Lexikon. S. 217.
[3] Schmidt-Joos; Graves: Rock-Lexikon. S. 93.
[4] Adorno, Theodor W.: Über Jazz. S. 85.
[5] Vgl. die Dokumentation: Tony Sheridan & The Beatles: Beatles Bop & Hamburg Days. Bear Family BCD16447.

gleichen Jahr von Nat King Cole aufgenommen wurde – dem sanften Sänger des kommerziellen Jazz. Für den Bereich der Folk-Songs, der Folklore und der Protestlieder, die nur zur Gitarre vorgetragen wurden, stellten ihre Förderer selbst die Kontinuität fest: „Ich wollte zeigen, daß Lieder politischen und sozialen Protests mehr sind als eine Zeitmode in den 1960er Jahren des 20. Jahrhunderts, daß diese Lieder eine gute und glaubwürdige Tradition haben".[1] Genau das war zu beweisen: Der Protest schaffte – epochal betrachtet – nichts Neues, sondern war Tradition.

Das, was angeblich als Zeitsignatur dienen könnte, eine neue Musik, war bei genauer Betrachtung nichts als die kommerzielle Variation der Musik der vorhergehenden Epochen. Auf dem Höhepunkt oder in der letzten Phase ihrer Karrieren demonstrierten denn auch alle Superstars der angeblich neuen Musik von 1968, wer ihre Vorbilder waren – oder in welcher Traditionslinie sie sich sahen, in jener, die Adorno benannt hatte: Der erste war Ringo Starr, Schlagzeuger der *Beatles*: 1970 veröffentlichte er eine LP (*Sentimental Journey*) mit zwölf Standards der 1930er und 1940er Jahre. Sein Band-Kollege John Lennon brachte 1975 eine LP mit fünfzehn Titeln aus den 1950er Jahren (*Rock 'n' Roll*) auf den Markt, der dritte Beatle Paul McCartney folgte mit der gleichen Idee 1999 (*Run, Devil, Run*). 2012 schob er ein Album mit Standards der Swing-Ära nach: *Kisses on the Bottom*. Rod Stewart veröffentlichte gleich fünf CDs mit Aufnahmen aus der Swing-Ära (*The Great American Songbook 1–5*, 2002–2010). Eric Claptons Reise in die musikalische Zeit vor 1945 lautete *Clapton* (2010). Bob Dylans Sammlung amerikanischer Standards umfasste drei Alben: *Shadows in the Night* (2015), *Fallen Angels* (2016) und *Triplicate* (2017). Und bevor diese Discographie langweilig wird (Jeff Lynne könnte man noch aufzählen und Phil Collins, Brian Wilson und die *Beach Boys*, David Bowie, in Deutschland Udo Lindenberg (*Hermine*, 1988; *Gustav*, 1991)), ist die Bedeutung dieser Projekte offensichtlich: Sie demonstrieren einzig und allein, dass die angeblich neue Musik der Pop-Revolution in den Endsechzigern nichts anderes als die modernisierte Fortführung der alten Unterhaltungsmusik seit den 1920ern war. Sie maß sich und ihr Werk an der Tradition.

Und die hier von progressiven Künstlern adaptierte traditionelle Musik war schon in ihrer Entstehung ausschließlich kommerziell ausgerichtet gewesen. Folgt man inhaltlich jener von Adorno behaupteten Strukturidentität

---

[1] Hetman, Frederik: Vorwort. In: Hetman, Frederik (Hg.): Protest – Lieder aus aller Welt. Frankfurt/M., Hamburg 1967. S. 9–15. Hier S. 14.

der „popular music"¹, so stand die „schwachsinnige Verehrung der Beatles"² und der Popmusik seitens der aufbegehrenden Jugendlichen genau zu dem im Widerspruch, was, wenn nicht *durch* sie, so doch *mit* ihr erreicht werden sollte: Der Protest gegen die herrschenden Verhältnisse, kurz die Kulturrevolution. Sie sei nichts weniger als das: „Mit der Empfehlung von Jazz und Rock and Roll anstelle von Beethoven wird nicht die affirmative Lüge der Kultur demontiert, sondern der Barbarei und dem Profitinteresse der Kulturindustrie ein Vorwand geliefert."³ Gegen die immer wieder geäußerte Vermutung, Adorno habe nur den zuckrigen Swing der Crooner gekannt und schriebe daher, wenn er von Jazz spreche, nur gegen jene, statt gegen die Popmusik der Gegenwart, zeigt er hier, das er mehr kannte – hier offensichtlich den Song *Roll over Beethoven* von Chuck Berry, den die *Beatles* gecovert hatten. Und weil er mehr kannte, „lockt" es ihn „ungemein", die soziale „Wirkung der Beatles"⁴ zu untersuchen. (Wir werden noch lesen, wie Peter Schneider diese Wirkung beschreiben wird.)

Die neue Popmusik der Rebellion, das war mit Adorno zu zeigen, war lediglich eine Variante der alten systemstabilisierenden U-Musik; zumindest war beides „Ware im strikten Sinn: seine Tauglichkeit zum Gebrauch setzt sich in der Produktion anders nicht durch denn in Gestalt seiner Absatzfähigkeit"⁵. Was sich nicht den Marktgesetzen beugt, verschwindet vom Markt. Jürgen Klitsch zeigt, dass die Beat-Musik mit dem Aufkommen der Diskotheken untergeht⁶; die Disco-Welle kommt ... und geht. Alle Jahre wieder neue Moden, immer die gleichen Strukturen. Und so fasst Adorno noch einmal den Befund zusammen, indem er das im ersten Kapitel zitierte Bild der lauten Popmusik aufnimmt, die sich „aus der Musikbox über alle ergießt"⁷:

---

[1] Adorno: Ästhetische Theorie. S. 172.

[2] Adorno, Theodor W.: Tabus über den Lehrberuf [1965]. In: Adorno, Theodor W.: Gesammelte Schriften. Hg. v. Rolf Tiedemann [...]. Bd. X/2. Frankfurt/M. 1984. S. 656–673. Hier S. 666.

[3] Adorno: Ästhetische Theorie. S. 473.

[4] Adorno, Theodor W.: Schlußwort zu einer Kontroverse über Kunstsoziologie [ca. 1967]. In: Adorno, Theodor W.: Gesammelte Schriften. Hg. v. Rolf Tiedemann [...]. Bd. X/2. Frankfurt/M. 1984. S. 810–815. Hier S. 813.

[5] Adorno, Theodor W.: Über Jazz. S. 77.

[6] Klitsch, Hans-Jürgen: Shakin' All Over. Die Beatmusik in der Bundesrepublik Deutschland 1963-1967. Erkrath 2001 (2., überarb. Aufl.). S. 127-129.

[7] Tremper, Will: Die Halbstarken. Ein packender Zeitroman [Hannover 1956, Der bunte TOXI Film-Roman]. Zit.: Kassel 2020. (Filme zum Lesen. Hg. v. Andre Kagelmann u. Reinhold Keiner. Bd. I). S. 33.

> „Was gegen die Beatles zu sagen ist, ist gar nicht so sehr etwas Idiosynkratisches, sondern ganz einfach das, was diese Leute bieten, womit überhaupt die Kulturindustrie, die dirigistische Massenkultur uns überschwemmt, seiner eigenen objektiven Gestalt nach etwas Zurückgebliebenes. Man kann zeigen, daß die Ausdrucksmittel, die hier verwandt und konserviert werden, in Wirklichkeit allesamt nur heruntergekommene *Ausdrucksmittel der Tradition* sind, die den Umkreis des Festgelegten *in gar keiner Weise überschreiten.*"[1]

Dass nicht nur die populäre Musik, sondern selbst die ausdrücklich als „Protest" verstandene Musik Warencharakter hatte und damit ihrem eingangs genannten Alleinstellungsmerkmal widersprach, wurde um 1968 selbst von ihren Verteidigern so gesehen: Man lebe in einer verwalteten und kapitalistischen „Gesellschaft, deren kommerzielle Institutionen selbst noch den Protest der Jugend konjunkturgerecht verwalten"[2], schrieb Frederik Hetman 1967 im Vorwort zu seiner Sammlung von Protestliedern aus aller Welt.

Vielleicht lässt sich sogar am Umgang mit der populären Musik der mentale Modus jener sozialen Gruppe ablesen, die man als rebellierende Studenten bezeichnet hatte. Adorno spricht von „der Manipulation des Zufalls" und fasst für die Jazzfans zusammen, was sicher auf die Rock- und Popfans und vielleicht auf die gesamte Protestgeneration zu übertragen wäre:

> „Die fanatische Vorliebe von Generationen Jugendlicher für den Jazz protestiert bewußtlos dagegen [d.h. gegen ein „archaisches Moment" der authentischen Kunst, V.L.] und bekundet zugleich den involvierten Widerspruch, weil die Produktion, die der Industrie sich adaptierte oder wenigstens gebärdet, als hätte sie es getan, ihrer Komplexion nach *hilflos hinter den künstlerischen, kompositorischen Produktivkräften herhinkt.*"[3]

Gilt diese Diagnose etwa auch für die Literatur? Und gilt sie dann auch für die Politik der 68er? Hinkte sie in ihren Gesellschaftsanalysen und revolutionären Perspektiven hinter der Entwicklung der aktuellen Produktivkräfte hinterher?

3. Kritische Comics und ihre Gegner

Werfen wir zuvor einen Blick auf ein Genre der Unterhaltungsliteratur, den Comic. „Comics waren in den 50er Jahren Schmuggelware der infantilen

---

[1] Adorno, Theodor W.; Haselberg, Peter von: Über die geschichtliche Angemessenheit des Bewußtseins. In: Akzente 12 (1965). H. 6. S. 486–497. Hier S. 494 (Hervorh. von mir, V.L.).

[2] Hetman: Vorwort. S. 15.

[3] Adorno: Ästhetische Theorie. S. 322 (Hervorh. von mir, V.L.).

Kultur", es habe damals ein „Kulturkampf" von „abendländischen Kulturwächtern" und „Kulturverteidigern" begonnen, die „wesentlich aggressiver als die Comics waren": „Verteidiger der Comics fanden sich kaum, und die Industrie war zu jedem Kompromiß bereit". So beginnen 1974 Dagmar von Doetinchem und Klaus Hartung ihre Einleitung über „Verachtete Massenware für Sammler" in ihrem Buch *Zum Thema Gewalt in Superhelden-Comics*: Der „Kampf war gekennzeichnet durch seinen explizit massenfeindlichen Charakter". Denn in der Nachkriegszeit habe man sich darauf „geeinigt, in ‚der Masse', die bekanntlich nicht mehr zurechnungsfähig ist, wird sie einmal losgelassen, den Hauptschuldigen für den Faschismus zu sehen. [...] [So] [w]urden die Comics in den 50er Jahren aus den Gefilden der Kultur vertrieben"[1]. Hier sind alle bekannten Motive der um 1968 üblichen Kulturkritik und der neuen Identitätsstiftung versammelt: Die 1950er Jahre seien infantil gewesen, auf konservative Werte fixiert, autoritär, hätten die progressive Kraft der proletarischen Kollektive nicht erkannt, hätten nicht in den Geschmacksurteilen und Handlungen der Masse den Fortschritt gesehen, hätten den Faschismus nicht angemessen aufgearbeitet – und erst nach 1968 sei eine Kulturrevolution im Bereich Comic ausgelöst worden, mit nunmehr „kritischen Comics aus Deutschland"[2] – die es zuvor nicht gegeben habe: Wohl deshalb wurden damals deutsche Comics aus den 1950ern von Günter Metken in seinem Standardwerk über Comics auch nicht behandelt.

Zeitgleich allerdings belegen die von Wolfgang J. Fuchs und Reinhold C. Reitberger herangezogenen Geschäftsunterlagen deutscher Comic-Verlage, dass sehr wohl Comics im Deutschland in den 1950er Jahren massenhaft verkauft wurden. Zwar beginnt auch das einschlägige Kapitel mit der Feststellung, dass in jenen Jahren Versuchen mit amerikanischen Comics „kein dauerhafter Erfolg beschieden"[3] gewesen sei. Aber ihre eigenen Nachforschungen widerlegen ihre eigene These. Erst nach drastischen Auflagensteigerungen, so berichten sie, konnte der „wachsende [...] Bedarf"[4] an *Micky Maus*-Heften gedeckt werden. Aber selbst hier wird nur die halbe Geschichte erzählt, dergestalt, dass die Gegenwart das Telos der Entwicklung sei. Alle drei Autoren vergegenwärtigen nicht, dass der Comic in Deutschland nie wieder eine so große Aufmerksamkeit beim Massenpublikum erfuhr,

---

[1] Doetinchem, Dagmar von; Hartung, Klaus: Zum Thema Gewalt in Superhelden-Comics. Berlin 1974. S. 5 u. 6.

[2] Metken, Günter: Comics. Frankfurt/M. 1970.

[3] Fuchs, Wolfgang J.; Reitberger, Reinhold C.: Comics. Anatomie eines Massenmediums [1971]. Reinbek bei Hamburg 1973 (gekürzte Ausg.). S. 226.

[4] Fuchs; Reitberger: Comics. S. 226.

wie in den 1950ern. Die 50er Jahre waren Comic-Jahre. Besonders galt dies für eine Comicserie, die in der Zeitschrift *Quick* erschien: *Nick Knatterton*, gezeichnet und getextet von Manfred Schmidt. Der Comic erschien wöchentlich zwischen 1950 und 1959 in der Zeitschrift und zusätzlich in sieben Sammelbänden.[1] Die Serie wurde erfolgreich ins Ausland verkauft. „Die Popularität […] war so groß"[2], dass 1959 eine Verfilmung mit Starbesetzung entstand: *Nick Knattertons Abenteuer – Der Raub der Gloria Nylon*, u.a. mit Karl Lieffen, Gert Fröbe, Wolfgang Neuss und Günter Pfitzmann.

Dabei war der Comic nichts weniger als Klamauk. Er war eine oft scharfe Satire auf die neue Bundesrepublik und ihre Fehlentwicklungen. In diesen Comics wurde mit „unwiderstehliche[m], strahlende[m] Pessimismus"[3] jene Gesellschafts- und Kulturkritik geäußert, die die 68er dann als ihre Entdeckung reklamieren sollten: Kritik am autoritären Kanzler Adenauer, der geheim die Wiederbewaffnung der BRD vorantreibe: „Wohin man heute tritt: Überall Geheimwaffen"; „Musterbeispiel für geheime Aufrüstung"; „Europa-Gefühl: Man häuft Schießpulver"; durchgehender Anti-Militarismus: „Abgesägter Generalskopf (innen hohl, außen Bronze)"; Bemerkungen zum Wirtschaftswunder der „eiskalte[n]" Geschäftemacher und korrupten Politiker: „Blind vor Eifer und Geldgier sieht [die] Bande nicht, wohin es geht!"; die Gängelung der Presse: „Demokratische Beulen (Folgen freier Meinungsäußerung)"; brüllende und prügelnde Polizisten[4] als „lehrreiches Beispiel für Diskussionsverhütung (1000+6 Jahre alt)". Dieses Zitat stammt aus einer Geschichte aus dem Jahr 1951 – gemeint ist also die Wiederkehr der alten

---

[1] Nachweise in: Sackmann, Eckart: Kombiniere… Manfred Schmidt – ein Humorist mit Hintergedanken. Hannover 1998. S. 48.

[2] Seeßlen, Georg; Kling, Bernt: [Art.:] Nick Knatterton. In: Seeßlen, Georg; Kling, Bernt: Unterhaltung. Lexikon zur populären Kultur. Bd. II. Reinbek bei Hamburg 1977. S. 79.

[3] Loriot: Mein Freund Manfred. In: Das große Manfred Schmidt Buch. Mit Frau Meier durch die Welt. Mit einem Vorwort von Loriot. Oldenburg 1975 (2. Aufl.). S. 5–6. Hier S. 5.

[4] In Peter Weigts *Revolutionslexikon* gibt es ein eigenes Lemma „Schlagstock" mit der ironischen Erläuterung: „Von kräftigem Polizistenarm geschwungen, kann er sehr schmerzhafte Hiebe austeilen, soll aber angeblich keine ernsthaften Verletzungen verursachen können (?). Es ist nicht wahrscheinlich, daß er zur Popularisierung der Polizei beiträgt." (S. 52). Der Schlagstock wird für die Rebellen zum Symbol und damit letztlich zur harmlosen Requisite der Ordnungsmacht. Maßstab ist die Popularität, nicht seine Funktionalität. Nicht einmal die Verletzung der Menschenwürde durch Schlagstöcke wird angesprochen.

Ordnungsmächte sechs Jahre nach dem Ende ihres *Tausendjährigen Reiches*. Soweit nur die Anspielungen in der ersten Bildergeschichte *Der Schuß in den künstlichen Hinterkopf*.[1] Schmidts Comics der 1950er Jahre waren in der Tat ein „Transportmittel politischer Aufklärung"[2] – das diejenigen, die aufgeklärt werden sollten, auch tatsächlich erreichte. Die Bildergeschichten sprachen die zentralen Themen der 68er Jahre an – allerdings 18 Jahre vorher.

Manfred Schmidt war, wie sein ebenfalls sehr erfolgreicher Freund Loriot, kein Revolutionär, aber ein genauer Analytiker „mit einem geradezu krankhaften Beobachtungstrieb"[3] für signifikante Details, an denen er das Falsche des Ganzen anschaulich werden ließ. Diese, wie er sie selbst bezeichnete, „verschmidtste" Gesellschaftskritik lässt sich bereits in jenen Bildern nachweisen, die er 1942 für ein Gemeinschaftswerk lieferte, das dem militärischen Alltag humorige Situationen abgewinnen sollte: *Lachendes Feldgrau*. Schon das vorangestellte Motto von Wilhelm Busch war eine Provokation: „Vielleicht, daß *diese* gute Tat recht angenehme Folgen hat." (So im Original). Es signalisierte die Abgrenzung vom politisch Opportunen, bestand auf Nachdenklichkeit („Vielleicht") und Distanz, weil sie nicht das beschriebene Militär verteidigte, sondern das Lachen im oder sogar über das Militär provozierte. Gleich das zweite Bild des Buches beinhaltet Schmidts satirisierende Weltsicht: Ein deutscher Soldat bringt seinen Kameraden an der Kanone die Munition auf einem Tablett in der Haltung eines Kellners, der das Bier an den Tisch trägt: „Macht der Gewohnheit. Kanonier Blickwede – von Beruf Oberkellner – bringt Munition."[4] Martialische Kritik ist das nicht, aber eben ein Versuch, das Soldatentum lächerlich erscheinen zu lassen. Das Zivile macht das Militärische lächerlich. Die APO wird dieses Verfahren aufgreifen.

Verwegen mutet eine Witzseite an, die 1942 in Heft 5 der *Berliner Illustrirten* erschien und auf beginnende, offiziell aber geleugnete Versorgungsengpässe hinweist: In dem Cartoon ist zu sehen, wie sieben Personen an Hauswänden schnüffeln, was folgendermaßen kommentiert wird: „Die

---

[1] Zuerst in der Zeitschrift *Quick*; Nachdruck als: Manfred Schmidt: Nick Knatterton. 100 Abenteuer des berühmten Meisterdetektivs, erzählt und gezeichnet von Manfred Schmidt. o. O. [Konstanz] 1952.

[2] Seeßlen; Kling: [Art.:] Nick Knatterton. S. 79.

[3] Schmidt, Manfred: Vorwort als Nachrede. In: Das große Manfred Schmidt Buch. Mit Frau Meier durch die Welt. Mit einem Vorwort von Loriot. Oldenburg 1975 (2. Aufl.). S. 7–9. Hier S. 8.

[4] Riebau, Hans; Reimann, Hans; Schmidt, Manfred: Lachendes Feldgrau. Bremen 1942. S. 15.

Steine der Packhäuser, in denen früher [!, V.L.] der Kaffee lagerte, strömen heute noch einen deutlichen Kaffeegeruch aus. Er lockt viele Fremde und Einheimische an."[1] Schon 1947 erschien dann bei Rowohlt *Manfred Schmidt's Bilderbuch für Überlebende. Mit einer Vorrede von Werner Finck*, dessen Titel einerseits Abrechnung mit dem Konzept des Nationalsozialismus ist, andererseits aber den demokratischen Aufbauwillen andeuten soll.[2] Die Überlebenden des Zweiten Weltkrieges „fanden sich mit schweren seelischen und körperlichen Schäden" wieder. Manch einer konnte „sich gar nicht erinnern", die „anderen waren noch zu schwach, ihn zu erschlagen"[3]. Hier ist bis in die Metaphorik hinein formuliert, was man 1968 als Begründung für die Rebellion gegen die ältere Generation anführen wird – es ist im Grunde dasjenige, was immer als Kernstück der Rebellion angesehen wird: Die Wut über das Vergessen des Nationalsozialismus und der Wille, auch mit Gewalt gegen diese Tradition mit ihren „autoritär-faschistoiden Tendenzen in unserer Gesellschaft"[4] vorzugehen. Mit der für den späteren *Nick Knatterton* typischen Bildsprache wird 1947 in einem weiteren Strip die Alternative zwischen einer brutalen, gewaltsamen, militarisierten, autoritären und einer kultivierten, humanen, kulturell reichen und friedlich-demokratischen Gesellschaft in ihren Folgen aufgezeigt. So, als nähme Schmidt erneut das Wilhelm Busch-Motto des Kriegsbuches auf, kritisiert der nächste Cartoon eine mögliche unpolitische Gesellschaft: „Manche Leute zeigen auf die uns umgebenden Trümmer und sagen: ‚Seht, das ist die Folge von Politik! Nie wieder werde ich mich um so etwas kümmern!'"[5] Auch die Politisierung des Alltags ist keine originäre Idee von 1968: „Wenn sich Dein politisches Denken noch immer im kleinen vernagelten Horizont abspielt, sieht es schlecht für Deine Zukunft aus."[6] Auf dem dazugehörigen Bild ist als Beispiel für das vernagelte Brett vorm Kopf auf diesem zu lesen: „Lieber die Nazis!" Und vom *täglichen Faschismus* (Reinhard Lettau, 1929-1996) war längst bei Schmidt die Rede gewesen: „In der Bahn und an anderen öffentlichen Plätzen findet man immer wieder kleine Hitlers, die furchtbar gern alles noch einmal genau so machen möchten wie voriges Mal."[7] In der Geschichte *Der letzte Diktator. Heiliger*

---

[1] Nachdruck in: Sackmann: Kombiniere… S. 6.
[2] Vgl. Manfred Schmidt's Bilderbuch für Überlebende. Mit einer Vorrede von Werner Finck. Stuttgart, Hamburg 1947.
[3] Manfred Schmidt's Bilderbuch für Überlebende. S. 12.
[4] Dutschke, Rudi: Interview. In: Konkret (1968). H. 3 (März). S. 115.
[5] Manfred Schmidt's Bilderbuch für Überlebende. S. 19.
[6] Manfred Schmidt's Bilderbuch für Überlebende. S. 25.
[7] Manfred Schmidt's Bilderbuch für Überlebende. S. 26.

Bürokratius werden die verwaltete Welt und eine sich verselbständige Bürokratie analysiert. Nicht nur auf die Demokratie und Konflikttheorie, sondern schließlich auf die These der *gesellschaftlichen Konstruktion der Wirklichkeit* verweist eine Geschichte über Sinn und Eigenart der Demokratie, in der zum Abschluss ein „griechischer Philosoph" sein sichtlich desinteressiertes und „jaja, so ist es"-sagendes Gegenüber auffordert: „So widersprich mir doch, damit wir endlich zu zwei'n sind!"[1] Das Resümee, das an Friedrich Schillers Sprachbild vom erkenntnisverstellenden Wahn anknüpft (vgl. die Einleitung zu diesem Buch), lautet: „Wer die Vernunft besitzt und benutzt, ist frei von Wahngebilden und ist der Freiheit am nächsten."[2] All dies wird in Bildergeschichten erzählt – von denen man 1968 nicht einmal mehr wusste, dass es sie gegeben hatte.

1947 war in der von Erich Kästner betreuten Zeitschrift *Pinguin* eine Seite von Manfred Schmidt mit der Überschrift *Das Geschichtsmuseum des Jahres 2047* gestaltet worden. Dort sieht man eine Wetterfahne, der die Richtungsangabe *Osten* (= die SBZ/DDR) fehlt. Als „der größte Lacherfolg" wird eine Zollschranke aus dem 20. Jahrhundert präsentiert, Überbleibsel einer Zeit, als es noch Landesgrenzen in Europa gegeben habe. Schließlich ist eine Atombombe abgebildet, deren Betitelung offenbart, dass man beabsichtigt hätte, mit ihr den Frieden zu sichern. Waren das nicht genau die Themen, die man glaubte, zum ersten Mal 1968 entdeckt zu haben?

Schmidt hat diese literarische Entlarvungstechnik dann in seinen berühmten „verschmidtsten" Reportagen ausgeweitet: Seit dem Ende der 1950er Jahre erkundete er die beliebten Reiseziele der Deutschen, deren Inszenierung, Kulissenhaftigkeit und Simulation er in detailfreudigen Bildern und mit einem Sprachwitz offenlegte, der oft in einer Formulierung das ganze Problem benannte: „Paris bei nackt." Schmidts Absicht und Methode zeigte bereits seine allererste Bildergeschichte, die 1938 in der *Berliner Illustrirten* erschienen war: Zu sehen sind zwei Ansichten von *Scotland Yard*, einmal von schießenden Gangstern umlagert, ein andermal bis auf zwei spielende Kinder menschenleer. Das erste Bild sollte die Institution zeigen, wie sie in Krimis beschrieben werde, das zweite, „wie es in Wirklichkeit aussieht"[3]. Genau das ist der satirische Ansatz in seinen Comics von 1938 bis 1968: Den Schein aufzudecken, um zu zeigen, wie etwas in Wirklichkeit ist.

---

[1] Manfred Schmidt's Bilderbuch für Überlebende. S. 35.

[2] Manfred Schmidt's Bilderbuch für Überlebende. S. 81.

[3] Sackmann, Eckart: Oh, Nick Knatterton. Limitierte Sonderausgabe zum 100. Geburtstag von Manfred Schmidt. Hildesheim 2013. S. 10.

Die späteren Reisereportagen erschienen ebenfalls in der Illustrierten *Quick* und wurden in sechs Bänden und danach immer wieder neu zusammengestellt. Manfred Schmidt ist damit gelungen, was die Studentenbewegung zwar immer, aber immer vergeblich angestrebt hat: Die Massen mit „dem Weg der Vernunft"[1] zu erreichen. Seine Comics und Reisereportagen waren kein Randphänomen in den 1950er Jahren, sondern repräsentierten bis in die Alltagssprache hinein das öffentliche Bewusstsein. Die Erfolgsgeschichte ist inzwischen dokumentiert[2] – aber Anfang der 70er Jahre zitiert oder erwähnt keiner der Comic-Forscher diesen berühmtesten und erfolgreichsten aller deutschen Comics der frühen Bundesrepublik.

Und es gab zwischen 1950 und 1960 weitere erfolgreiche Comics in Deutschland, Massenware allemal, die den Zeitgeist spiegelte. Eduard Rhein und Reinhold Escher etwa machten einen märchenhaft schlauen Igel zur beliebtesten Comicfigur der 50er Jahre: *Mecki* (Auflage in HÖRZU bis zu 4 Millionen Anfang der 60er Jahre[3]). Mecki ist der Typus, der freundlich, aber patent zupackt, um Probleme zu lösen. Er stellt dar, was Franz Josef Degenhardt 15 Jahre später kritisch *Vatis Argumente* nennen wird: „Ärmel aufkrempeln – zupacken – aufbauen"[4]: „‚An die Arbeit', sagt Mecki", der immer ein Hemd mit aufgekrempelten Ärmeln trug, „und alle packen an."[5]

Es gab *Akim*, *Sigurd*, *Falk*, *Tibor*, *Nick*, allesamt ausgedacht und gezeichnet von Hansrudi Wäscher (Auflagen bis zu einer Million).[6] Wenn es einen deutschen Comic-Autor gab, der das symbolisierte, was man in den 50ern unter jugendgefährdenden Comics verstand, dann war es Wäscher mit seinen immer wieder indizierten Strips. Seine Helden waren archaisch durchtrainiert wie Johnny Weissmüller (*Tarzan*, 1931) und trugen oft ihre nackte Haut voller Selbstbewusstsein zu Markte. Sigurds und Akims Köpfe schmückten verwegene, rebellische Elvis-Tollen, bevor es *Elvis* öffentlich gab und zeigten

---

[1] Manfred Schmidt's Bilderbuch für Überlebende. S. 38.

[2] Dazu: Sackmann: Oh, Nick Knatterton. Passim.

[3] Vgl. Bohn, Jörg: Die Zeitschrift "HÖR ZU!" (zuerst in: TRÖDLER (2008) H. 10) (zit.: http://www.wirtschaftswundermuseum. de/hoerzu.html).

[4] Degenhardt, Franz Josef: vatis argumente. In: Degenhardt, Franz Josef: Im Jahr der Schweine. 27 Lieder mit Noten [1970]. Reinbek bei Hamburg 1973. S. 37.

[5] Mecki: Gesammelte Abenteuer. Jahrgang 1958. Hörzu-Bildergeschichten aus dem Jahr 1958. Mit Bildern von Reinhold Escher und Prof. Wilhelm Petersen. Esslingen 2009. S. 14.

[6] Vgl. die faszinierend ausführliche und kenntnisreiche Darstellung und Analyse des Wäscher-Comic-Kosmos bei: Knigge, Andreas C.: Allmächtiger! Hansrudi Wäscher. Pionier der deutschen Comics. Hamburg 2011.

Marlon Brandos Mimik und Gestik, die dieser in László Benedeks Film *The Wild One* (1953) erprobt hatte. Wäschers Helden standen außerhalb der betrügerischen Zivilisation, griffen aber in sie ein. Sie waren nicht „halbstark", sondern stark. Die Frauengestalten drückten selbstbewusst schon in Alltagsszenen eine alles verheißende Sexualität aus. Und sie alle kämpften für das Gute. Sie schützten die Natur vor Verschmutzung, Ausbeutung und Zerstörung; sie schützten die Menschen vor geldgierigen Geschäftemachern aus kapitalistischen Ländern und vor Kolonisatoren.

Man kann zusammenfassen, dass es in den 1950er Jahren in Deutschland eine sehr auflagenstarke, politisch, kulturkritisch oder satirisch ausgerichtete Comic-Kultur gab. In der Rezeption der Endsechziger aber wurde ein verharmlosendes Bild der 1950er Jahre erfunden. Oder ihre Comics wurden der imperialistischen Ideologie geziehen.[1] Zugleich wurde die eigene Zeit als

---

[1] Anlässlich von Tarzan-Erzählungen und -Comics schreibt Hans Christoph Buch (Tarzan oder der Anteil des Imperialismus an der Menschwerdung des Affen [1971]. In: Buch, Hans Christoph: Kritische Wälder. Essays, Kritiken, Glossen. Reinbek bei Hamburg 1972. S. 50–65. Hier S. 63): „Die moderne Trivialliteratur [...] dagegen atomisiert ihre Leser zu bewußtlosen Rezipienten, die, wie der Pavlovsche-Hund, auf Signale des Autors mit andressierten Reflexen reagieren." Wenn man fragen würde, warum die Studentenbewegung nie eine Massenbasis in der Bevölkerung bekam, findet man auch in dieser Art des Umgangs mit Nicht-Akademikern eine Antwort: Eine Geringschätzung großer Teile der Bevölkerung und ihrer kulturellen Vorlieben kommt hier in ihrer Charakterisierung als *bewusstlos* zum Ausdruck („denn sie wissen nicht, was sie tun", wie es in den 50er Jahren ein Filmtitel nannte) und eine stereotype Bewertung jener Medien, die von sehr vielen Menschen sehr gerne gelesen wurden. Noch eine Bemerkung zur Texthermeneutik: Zu den bei der Lektüre atomisierten „bewußtlosen Rezipienten" zählt der Rezipient Hans Christoph Buch sich nicht, der als Leser von all dem nicht betroffen ist, was er den anderen Lesern unterstellt – obwohl es doch Reize sind, denen sich (im Verständnis der Verhaltensforschung) *niemand* entziehen kann. Buch aber exkulpiert sich. Nicht er, nur die anderen „reagier[t]en" wie „Pavlovsche-Hund[e]". Wie ist das möglich, wo doch alle Hunde immer gleich auf Reize reagieren – und Ausnahmen gar nicht vorkommen? (Das war ja die Grundidee des Reiz-Reaktionsmusters.) Und ist es nur zufällig komplementär oder mehr als historische Ironie, dass der Bundeskanzler Ludwig Ehrhard sieben Jahre zuvor auch eine Hundemetapher bemühte und die Schriftsteller pauschal als „Pinscher" bezeichnet hatte? So wird er vom *Spiegel* zitiert: „Da hört bei mir der Dichter auf, und fängt der ganz kleine Pinscher an, der in dümmster Weise kläfft." (N.N.: Im Stil der Zeit. In: Der Spiegel 30 (1965). 20.07.1965. https://www.spiegel.de/politik/im-stil-der-zeit-a-8d45d3a6-0002-0001-0000-000046273386?context=issue). Die Ablehnung der Comics in den 50er Jahren hatte sich genau des Musters bedient, das Buch hier für sich reklamiert: Es galt, die unmündigen und

völlig neuartig beschrieben. Und Comics aus einer kommunistischen Diktatur[1] wurden propagiert, die nun endlich den Traum gestalten würden, den man künftig verwirklichen wollte: „In China ist die Bildgeschichte [...] umfunktioniert, politisiert worden. [...] In diesem Band sind Beispiele einer ästhetischen Praxis, die sich zu ihren politischen Zielen bekennt."[2] So lautet der Klappentext der Comicsammlung *Das Mädchen aus der Volkskommune* von 1972. Dass dies exakt das Programm der *Knatterton*-Comics umschrieb, war den Herausgebern offensichtlich nicht mehr präsent. Stattdessen idealisierten sie Comics als revolutionär und avantgardistisch, die Umberto Eco als „an unseren ästhetischen Maßstäben gemessen" „dürftig [...]" und „auf dem niedrigsten Niveau"[3] stehend charakterisierte, aber genau deshalb als

---

dressierten Leser vor den Machenschaften der Comic-Produktion dadurch zu bewahren, dass man die Produkte als geschmacklos aber gefährlich und wirksam bezeichnete. So formulierte der Bundesgerichtshof 1955 zum Schutze jugendlicher Leser: Es dürfe keinesfalls „das Urteil des beliebigen Durchschnittsbürgers [...] maßgebend sein [...], sondern das Urteil des für Jugenderziehung und Jugendschutz aufgeschlossenen Lesers, der die *Wirkungen* guten und schlechten Schrifttums auf Geist und Gemüt von Jugendlichen zu beurteilen vermag. [...] Bei den Bildstreifenheften, deren ausschließlicher oder hauptsächlicher Inhalt in der Schilderung von Gewalttaten, hinterhältigen Überfällen, Schießereien und Grausamkeiten besteht und die den Leser, sei es auch unter dem Deckmantel des angeblichen Kampfes für das Gute, in die Welt des Faustrechts einführen und ihn mit den Einzelheiten gemeiner Verbrechen und den dabei angewendeten Mitteln vertraut machen, wird eine schwere sittliche Gefährdung in der Regel für jeden einsichtigen und verständigen Menschen ohne weiteres erkennbar sein." (BGH, 14.07.1955 – 1 StR 172/55; https://opinioiuris.de/entscheidung/877, Hervorh. von mir, V.L.). 1955 sprach man von „Wirkungen", 1971 von „Reflexen" – es ist das gleiche Denkmodell: Gegen die Medien können sich die Unmündigen nicht wehren; wobei H.C. Buch über Erwachsene, der BGH über Jugendliche schreibt. Es ist die gleiche Struktur der Argumentation. Vgl. die Bemerkungen von Umberto Eco in den folgenden Fußnoten.

[1] „[...] die unfreie chinesische Gesellschaftsordnung, das Leid, das vielen im Namen der Konformität und Parteidisziplin zugefügt wird", resümierte der Schriftsteller 1971 Olof Lagercrantz (China-Report. Bericht einer Reise. Frankfurt/M. 1971. S. 131).

[2] Das Mädchen aus der Volkskommune. Chinesische Comics. Mit einer Einleitung von Gino Nebiolo und Kommentaren von Jean Chesneaux und Umberto Eco. Deutsch von Arno Widmann. Reinbek bei Hamburg 1972. Klappentext Buchrückseite.

[3] Eco, Umberto: Vorsichtige Annäherung an einen anderen Code. In: Das Mädchen aus der Volkskommune. S. 318–331. Hier S. 325f. Vollständig lautet das Zitat: „Darum ist die Art von Kultur, die die Comics darstellen und übermitteln,

kulturrevolutionäre Neuware verteidigte. Wir erleben hier, wie die europäische Kulturrevolution sich dadurch konstruierte, dass sie eine nicht einmal zehn Jahre alte Tradition vergaß, ignorierte und daher den eigenen Ansatz als neu und revolutionär empfand. Dabei hat – im Falle der Comics – keiner der nach 1968 entstehenden deutschen Comics die politische Brisanz, Popularität und Breitenwirkung gehabt, die für Nick Knatterton nachweisbar ist. Erfolg hatte erst Mitte der 70er Jahre Gerhard Seyfried mit seinen kritischen Comics über „Zwille" und Ende der 70er Rötger Feldmann („Brösel") mit seinem Comichelden *Werner*. Allerdings nur in den entsprechenden Communities. Dafür aber hatte man 1968 die chinesischen Bildergeschichten der Kulturrevolution entdeckt, die keineswegs dem Stand der ästhetischen Produktivkräfte (Adorno) entsprachen. Am Ende einer dieser Geschichten übt eine ehemalige Magd mit einem Pistolenschuss persönliche Rache an einem Gutsbesitzer, wird aber mit den Worten zurechtgewiesen: „Du bist jetzt [...] eine Kämpferin. Wenn du so weitermachst, wirst du deinen eigenen Weg gehen müssen." – Worüber die Kämpferin traurig sinniert: „Die Rote Armee ist mein Zuhause, ich will sie nie verlassen!" Das Kollektiv entscheidet über den Einzelnen. War das das Ziel einer Rebellion gegen Autoritäten? Die Autoren, die die Geschichte analysierten, kommentierten verallgemeinerbar:

> „Die chinesische Bildergeschichte wendet sich nicht an vereinzelte Menschen in der Masse, sondern an die Massen selbst. Sie dient der Schulung des Bewußtseins und der Leidenschaft. Da sie für die Massen als die Herren der Geschichte gemacht ist, kommen die Individuen zu ihrem Recht. Sie sind nicht entstellt, wenn sie Rache üben, sondern *schön*."[1]

Die Schönheit des Tötens, die Schönheit der Rache... und die Vorstellung, diese Texte seien für die Herren der Geschichte gemacht... und würden sie auch erreichen – das fokussierte sich 1968 in einem Satz als Ästhetik. Dazu später mehr.

4. Der schöne Schein der Neuen Literatur

Aber die „ernste" Literatur sollte 1968 doch eine neue Epoche einläuten. Kann man faktengesättigt behaupten, dass sich Kontinuitäten der Literatur zwischen den 1950ern und den 68er Jahren nachweisen lassen, die bedeutsamer sind, als die Brüche?

---

wenn auch auf dem niedrigsten Niveau, die wahre Kultur, die einzig mögliche und realisierbare."

[1] Doetinchem; Hartung: Zum Thema Gewalt. S. 208 (Hervorh. von mir, V.L.).

1968 gilt als das Jahr, in dem die Literatur engagiert und politisiert wurde. In einem berühmten Aufsatz charakterisiert 1950 Hans Egon Holthusen (1913-1997) die Gegenwartsliteratur seiner Zeit als eine Literatur, die „alles tut, um den Eindruck zu erwecken, wir lebten schon hier auf Erden recht eigentlich in der Hölle, und die einzig in Betracht kommende Gemütsverfassung des modernen Menschen sei die Verzweiflung."[1] Sie arbeite „nach dem Prinzip: Gelobt sei, was weh tut!", so dass eine „Schreckens-, Greuel- und Weltuntergangsliteratur"[2] entstanden sei. Hier wird der deutschen Gegenwartsliteratur der 1950er Jahre die Qualität attestiert, totale Negation zu sein. Holthusen beurteilt zum Beispiel Alfred Andersch als jemanden, der „gegen alles zu *protestieren*" beabsichtige, und so fällt hier bereits eine Schlüsselvokabel der 68er: Protest! „Er protestiert schlechthin."[3] Und: „Er will trotzen, rebellieren, skandalisieren."[4] Wird nicht genau das fünfzehn Jahre später als Programm von den neuen Autoren und Theoretikern entdeckt?

Holthusen besteht nun darauf, dass Literatur, um nicht kitschig zu sein, auch jenes andere, also das Bessere, thematisieren müsste. Denn diese negative Literatur spiegele nicht die Welt, wie sie sei: „Ist die Welt nichts weiter als ein Chaos absurder Einzelheiten [...] oder verdient sie auch heute noch den Namen ‚Schöpfung'"[5]? Dabei solle die Literatur keinesfalls die Realität abbilden, sondern die „Wirklichkeit", also die gedachte, erfasste, begriffene Realität. So habe ein angemessenes Literaturverständnis „mit allen Instinkten [zu] rebellier[en] gegen den geistigen Defaitismus der Programmatiker der Verzweiflung"[6]. Und Schriftsteller müssten die „elementare Kraft der menschlichen Seele" beachten. Welche Kraft das ist? „Es ist die Liebe"[7] – das „instinktive Gefühl der Ursolidarität"[8]. Gleich zwei weitere Signalwörter der 68er-Bewegung in einem Satz von Holthusen: Liebe und Solidarität. Das kann man doch Kontinuum nennen – von einem Konservativen, der 1933 in

---

[1] Holthusen, Hans Egon: Über den sauren Kitsch [1950/1951]. In: Holthusen, Hans Egon: ja und nein. Neue kritische Versuche. München 1954. S. 240–248. Hier S. 242.

[2] Holthusen: Über den sauren Kitsch. S. 244.

[3] Holthusen, Hans Egon: Reflexionen eines Deserteurs [1953]. In: Holthusen, Hans Egon: ja und nein. Neue kritische Versuche. München 1954. S. 207–218. Hier S. 209 (Hervorh. von mir, V.L.).

[4] Holthusen: Reflexionen eines Deserteurs. S. 216.

[5] Holthusen: Über den sauren Kitsch. S. 246.

[6] Holthusen: Über den sauren Kitsch. S. 247.

[7] Holthusen: Über den sauren Kitsch. S. 247.

[8] Holthusen: Über den sauren Kitsch. S. 247.

die SS und 1937 in die NSDAP eintrat, bis hin zu 1968. Wir haben also, selbst bei politisch völlig unterschiedlichen Konzepten, gleiche Strukturmerkmale 1952 und 1968.

Überspitzt? Nur eine Symptomähnlichkeit bei völlig verschiedenen Ursachen? Wie ist dann folgender Satz von Holthusens Satz inhaltlich zu unterscheiden? „Das heißt nicht, daß wir uns heute mit der Beschreibung des Elends, und sei sie noch so kompromißlos, zufrieden geben dürften. Wir verlangen mehr: den Fingerzeig auf die gesellschaftlichen Ursachen der Misere und die Möglichkeiten zu ihrer Beseitigung."[1] Hans Christoph Buch schreibt dies 1970.

Aber was fehlt, mag man einwenden, sind politische Bekenntnisse, Pazifismus („Make love, not war!"), Aufruhr, radikale, womöglich marxistische Gesellschaftskritik, Negation, das Dunkle, die Schattenseiten der Gesellschaft. Das alles habe es erst ab 1968 gegeben.

Man könnte nun als Gegenbeleg auf einen Autor wie Walter Kolbenhoff (*Von unserem Fleisch und Blut* (1947), *Heimkehr in die Fremde* (1949), *Die Kopfjäger* (1960)) verweisen. Aber selbst im literarischen Mainstream der 1950er Jahre gab es das, was die 68er meinten erst gerade entdeckt zu haben oder fordern zu müssen. Kabaretttexte aus den 1950ern lassen an Eindeutigkeit nichts zu wünschen übrig – wie etwa Erich Kästners pazifistische Texte für die Münchener Bühnen: „Soldaten trieben die Kinder wie Herden/ In Schiffe und Güterzüge hinein./ Sie schlugen um sich, gleich scheuen Pferden."[2] Die Auflage des Buches, in dem der Text zu finden ist, lag Mitte der 1950er Jahre bei fast 30.000 Exemplaren. Die braven 1950er? Nicht, wenn man Erich Kästners oft vertonte Kabarett-Texte jener Jahre in *Der tägliche Kram* (36.000 Exemplare) liest! Vermutlich waren seine Texte und seine Poetik nicht mehr bekannt. 1970 schrieb Hans Christoph Buch im *Spiegel*: „Die studentische Protestbewegung rief eine neue Art von Lyrik auf den Plan: Gedichte als ad hoc-Stellungnahmen zum politischen Tageskampf"[3]. Eine „neue Art" Lyrik, der eine „Gebrauchsqualität"[4] zugeschrieben wurde? So, als hätten Erich Kästner, Kurt Tucholsky, Walter Mehring oder Mascha Kaléko nie geschrieben und gefordert, was sie „Gebrauchslyrik" nannten und was von

---

[1] Buch, Hans Christoph: Von der möglichen Funktion der Literatur. Eine Art Metakritik. In: Kursbuch 20 (März 1970). S. 42–52. Hier S. 49.

[2] Kästner, Erich: Die kleine Freiheit. Chansons und Prosa. Berlin 1952. S. 29.

[3] Buch, Hans Christoph: Agitprop und neue Gegenständlichkeit. Lyrik von F. C. Delius und Nicolas Born [1970]. In: Buch, Hans Christoph: Kritische Wälder. Essays, Kritiken, Glossen. Reinbek bei Hamburg 1972. S. 116–120. Hier S. 117.

[4] Buch: Agitprop. S. 116.

Walter Benjamin mit eben diesem Begriff abgelehnt worden war?[1] Kästner, immerhin kein unbekannter Autor, hatte in den Jahren 1928–1930 jeden Montag zu aktuellen Ereignissen ein Gedicht geschrieben – die später so genannten *Montagsgedichte*.[2] 1968 aber entdeckt man eine „neue Art von Lyrik"?

In meinem antiquarisch erworbenen Exemplar von Kästners kritischen Texten aus den 1950er Jahren findet sich eine Widmung: „Zum Muttertag – von deinen Kindern 1959". Hier gilt offensichtlich, was Kästner schreibt: „Die Jugend hat das Wort"[3]. Im Vorwort zu einer Auswahl seiner Gedichte schreibt Kästner 1956 über sich, auf eines seiner Gedichte (*Wo bleibt das Positive, Herr Kästner?*) anspielend: „Heute wird er, *ebenso oft und gern*, gefragt, wo denn ‚das Negative' bleibe."[4] Der Kinderbuchautor schien den Zeitgenossen Mitte der 1950er Jahre zu brav. Sie wollten mehr Kritik – und die selbstverständlich gegendert! Mein ebenfalls antiquarisch erworbenes Exemplar dieses Buches ist von Antje, Sigrid und Frauke ihrer „lieben Schwänzi" 1959 zum Geburtstag gewidmet. Die drei Frauen werden ja etwas verschenkt haben, mit dem sie sich identifizierten und zudem einer anderen Frau eine Freude bereiten konnten.

Überhaupt: Politisierte Frauen! Lotte Lenya besingt 1955 zwei Schallplattenseiten mit Kurt Weills auch nicht gerade miefigen Liedern gegen den Kapitalismus (Philips – B 07089 L, 1955). Kapitalismuskritik in den 1950ern? Die *Dreigroschenoper* wurde gleich mehrfach auf Schallplatte eingespielt, und zwar 1955, 1958, 1959 – mit im Ensemble sangen Publikumslieblinge wie Johanna von Koczian (Philips L 09 421/22 L) oder Lale Andersen (Ariola 33 245 H) – und sogar im *Bertelsmann Schallplattenring* veröffentlicht (Katalognummer 8070). *Bertelsmann* hat in den 1950ern mit Kapitalismuskritik Geld verdient. Und spätestens dann, wenn Solisten und Ensemble des Theaters der Kurstadt Baden-Baden mit dem ARD-Südwestfunk-Orchester 1959 die *Dreigroschenoper* für den *Europäischen Phonoklub*, Stuttgart, unter der Bestellnummer 58/1141 in der Reihe *Meister-Diskothek* einspielen, dann kann man die These gut mit Fakten belegen, dass gesell-

---

[1] Benjamin, Walter: Gebrauchslyrik? Aber nicht so [1929]. In: Benjamin, Walter: Gesammelte Schriften. Unter Mitwirkung von Theodor W. Adorno und Gershom Scholem. Hg. v. Rolf Tiedemann und Hermann Schweppenhäuser. Bd. III. Kritiken und Rezensionen. Hg. v. Hella Tiedemann-Bartels. Frankfurt/M. 1991. S. 183–184. Der Band erschien zuerst 1972.

[2] Kästner, Erich: Montagsgedichte. Zusammengestellt und kommentiert von Alexander Fiebig. Berlin, Weimar 1989.

[3] Kästner: Die kleine Freiheit. S. 91.

[4] Erich Kästner: Eine Auswahl. Berlin 1956. S. 6 (Hervorh. von mir, V.L.).

schaftskritische Texte in der Mitte der Gesellschaft angekommen waren. Wie im bereits zitierten Schlager *Die Straße der Vergessenen* (1956, Polydor – 50 376, noch auf Schellack gepresst), der durch die thematisierte Heimatlosigkeit, Einsamkeit, Ruhelosigkeit, Beziehungslosigkeit, Geschichtslosigkeit und die vergebliche Suche nach den Ursachen dieser realen und transzendenten Verlorenheit völlig verzweifelt wirkt:

„Die Sterne, die ich sehe, sind fremd und ohne Licht
Den Weg aus diesem Dunkel, den zeigen sie mir nicht
Auf der Straße der Vergessenen, da gibt es kein Zurück

Ich wär' so gerne bei den ander'n
Die nicht so einsam sind wie ich
Doch ewig muss ich weiterwandern
Sag' mir, warum, warum, warum

Die Straße, die ich gehe, ist namenlos und still
Die Straße ohne Anfang, die Straße ohne Ziel
Auf der Straße der Vergessenen, da gibt es kein Zurück."

Das depressive Lied mit der Frage „Sag mir, warum", die die zentrale und daher epochale Frage zum Verständnis der Jahre 1933-1945 ist, wurde vom bereits erwähnten Peter Kraus aufgenommen, dem populärsten deutschen Rock 'n' Roller der 1950er. Das „no future" der späteren Punks im Wirtschaftswunderland.

Die literarische Revolution von 1968 gab es auch nicht, wenn man die *Spiegel*-Jahresbestsellerliste von 1968 konsultiert und beim ersten Titel der Liste gleich die Grundstimmung angegeben findet:[1]

1. Malpass: Morgens um sieben ist die Welt noch in Ordnung.
2. Wilder: Der achte Schöpfungstag.
3. Malpass: Wenn süß das Mondlicht auf den Hügeln schläft.
4. Simmel: Alle Menschen werden Brüder.
5. Lenz: Deutschstunde.
6. Bulgakow: Der Meister und Margarita.
7. Clavell: Tai-Pan.
8. Kazan: Das Arrangement.
9. Miller: Stille Tage in Clichy.
10. Hailey: Airport.

---

[1] Vgl. dazu den berühmten Anfang des (letzten) Adorno-Interviews mit dem *Spiegel*: „*Spiegel*: Herr Professor, vor zwei Wochen schien die Welt noch in Ordnung .../ Adorno: Mir nicht." Brumm, Dieter; Elitz, Ernst: Keine Angst vor dem Elfenbeinturm. Interview mit Theodor W. Adorno. In: Der Spiegel (5.5.1969). S. 204–209. Hier S. 204.

Allerdings sind gleich zwei Autoren vertreten, die sich schon in den 1950er Jahren mit der Aufarbeitung der deutschen Vergangenheit und Schuld einen Namen gemacht hatten: Siegfried Lenz und Johannes Mario Simmel. Die Hitparade führten auf den ersten 10 Plätzen an: Der Kinderstar Heintje, der britische Unterhaltungsstar Tom Jones, der seit den 50er Jahren erfolgreiche Peter Alexander, dann Udo Jürgens und Roy Black. Weder textlich noch musikalisch gab es Anzeichen einer Rebellion im Massengeschmack. 1969 war der zweiterfolgreichste Titel der Gospel *Oh Happy Day*, auch kein Signal für einen Aufstand.[1]

Aber vielleicht entstand im Subversiven des literarischen Undergrounds die neue, epochemachende Literatur? Im ersten Satz der „Nachbemerkung der Herausgeber" von *Acid. Neue amerikanische Szene* (1969) schreiben Rolf Dieter Brinkmann und Ralf Rainer Rygulla jedoch: „Die Absicht dieses Buches ist es, ein Gesamtklima vorzustellen, das sich seit dem Auftreten der Beat Generation Mitte der fünfziger Jahre andeutete und von der nachfolgenden Generation *aufgegriffen, modifiziert und weiterentwickelt* worden ist."[2] Sie weisen eher auf die Tradition hin.

In einem von Hans Christoph Buch als „große[r] Aufsatz"[3] bewerteten Schlüsseltext über „Die Phantasie im Spätkapitalismus und die Kulturrevolution"[4] entwickelt Peter Schneider die zwei Funktionen, die die revolutionäre Kunst nach dem Ende der bürgerlichen Literatur noch habe: Agitation und Propaganda[5]. Zur Illustration des ersten Typus verweist er, in Rückgriff auf seine *Rede an die deutschen Leser und ihre Schriftsteller*[6], auf das „Vorbild" Mao Tse Tung: Auf dem langen Marsch habe die vorrückende Rote Armee Versammlungen von Bauern abgehalten; dabei habe man ihnen eine Artikulationsmöglichkeit gegeben, indem man sie erzählen oder „wehklagen" ließ. Dieses Modell, übrigens ein Modell der 1930er Jahre und nicht irgendwie neu, überträgt er dann auf die gegenwärtige deutsche Situation und fordert: „In der Bundesrepublik soll angeblich jeder dritte Erwachsene

---

[1] Augustin, Gerhard: Die Beat-Jahre. München 1987. S. 206–215.
[2] Brinkmann, Rolf Dieter; Rygulla, Ralf Rainer (Hg.): Acid. Neue amerikanische Szene. Darmstadt 1969. S. 417 (Hervorh. von mir, V.L.).
[3] Buch: Von der möglichen Funktion. S. 47.
[4] Schneider, Peter: Die Phantasie im Spätkapitalismus und die Kulturrevolution. In: Kursbuch 16 (März 1969). S. 1–37.
[5] Vgl. Schneider: Die Phantasie im Spätkapitalismus. S. 29.
[6] Der Text findet sich in: Schneider, Peter: Ansprachen. Reden. Notizen. Gedichte. Berlin 1970. S. 29–38. Hier S. 37f. Vgl. die selbstkritischen Bemerkungen in: Schneider: Rebellion und Wahn. S. 293.

heimlich ein Tagebuch führen. Holen wir diese eingeschlossenen und weinerlich gewordenen Sehnsüchte aus den Schubladen und verwandeln sie in ebenso viele Waffen gegen den Kapitalismus."[1] Peter Schneider verweist als Beispiel einer phantasievollen neuen Auffassung von Literatur ausgerechnet auf jene Form, die als eine ganz typische Form der 1950er Jahre gelten kann: Das Tagebuch. Luise Rinser veröffentlichte 1946 ein *Gefängnistagebuch*, Ernst Wichert den tagebuchähnlichen „Bericht" *Totenwald* (über seine Inhaftierung im KZ Buchenwald – da wurde nichts verschwiegen), 1950 erschien *Das Tagebuch der Anne Frank*. Franz Kafkas *Tagebücher 1910–1923* und Ernst von Salomons *Der Fragebogen* erschienen 1951, Erich Kuby veröffentlichte sein *Brest-Tagebuch* (1959), Erich Kästners Kriegstagebuch *Notabene* erschien 1961, und das *Tagebuch 1946–1949* von Max Frisch aus dem Jahre 1950 wurde zum Dauerseller. Oder anders gesagt: Zwischen 1945 und 1960 erschienen nach Auskunft des Antiquariatskatalogs ZVAB über 400 Tagebücher in Erstausgaben. Alle zwei Wochen ein Tagebuch. Der Katalog der *Deutschen Nationalbibliothek* weist sogar fast 1000 Titel für diesen Zeitraum nach. Eine Revolution, die eine überaus beliebte Prosaform der 1950er Jahre als Kulturrevolution fordert? Nun könnte man einwenden, es sollten ja nicht Tagebücher arrivierter Schriftsteller veröffentlicht werden, sondern Schneider wollte die Tagebücher unbekannter Werktätiger nutzen, wobei dann „Künstler" „die Aufgabe haben, den Arbeitern [...] *bei der Artikulation ihrer Wünsche zu helfen* und ihnen den Weg zu ihrer politischen Organisation zu zeigen."[2] Sagen wir es so: „Wir müssen bereit sein [...], ihnen zu helfen, indem wir *ihren* Erlebnisraum ernst nehmen und selber dabei Lernende werden, ihn aber aus einer leicht mißbrauchten Gegenwärtigkeit der Gefühle in den *Strom der geschichtlichen Verantwortung* stellen."[3] Das allerdings hatte der erste Bundespräsident der Bundesrepublik Deutschland Theodor Heuss formuliert. 1955. Einige Worte habe ich weggelassen. Dazu gleich mehr.

Einerseits nutzt hier Peter Schneider eine Vorstellung, die Erich Kästner schon 1936 geäußert hatte, als er der Literatur die Aufgabe zuschrieb, „den eigenen Kummer von einem anderen Menschen formulieren zu lassen"[4], also denjenigen in Stellvertretung zur Artikulation zu verhelfen, die dies nicht könnten – und andererseits entwirft Schneider damit ein Programm, das genau

---

[1] Schneider: Die Phantasie im Spätkapitalismus. S. 30.
[2] Schneider: Die Phantasie im Spätkapitalismus. S. 30 (Hervorh. von mir, V.L.).
[3] Heuss, Theodor: Jugend in der sozialen Ordnung. (1955). In: Heuss, Theodor: Geist der Politik. Ausgewählte Reden. Frankfurt/M. 1964. S. 85–93. Hier S. 89 (Hervorh. im Orig.).
[4] Doktor Erich Kästners Lyrische Hausapotheke. Basel 1936. S. 7.

jener Autor 1969 in seinem Erstlingswerk *Im Block* bereits *erprobt* hatte, den Lektoren seines Verlages und Kollegen wie Herrmann Peter Piwitt als Vertreter der „parasitären herrschenden Kultur"[1] beurteilten: Der erste Satz zum *Echolot*-Projekt, in dem Walter Kempowski ernst machte und unveröffentlichte Tagebücher tatsächlich publizierte und es nicht nur forderte, lautet: „14.3.1978. / Gedanke, ein Archiv für ungedruckte Biographien aufzumachen."[2] Walter Kempowski hat seine Idee verwirklicht; Peter Schneider nicht.

Die zweite Funktion der Kunst sei, so Peter Schneider, die „propagandistische Funktion". Er definiert sie so:

„In dem Maße, wie der Spätkapitalismus die Fähigkeit, menschliche Wünsche zu haben, buchstäblich vernichtet und die Wünsche auf dem infantilen Standpunkt festhält, entsteht für die Literatur neben dieser agitatorischen Funktion die Aufgabe, die alten, in den Kunstwerken aufbewahrten Wünsche und Sehnsüchte der Menschheit wieder hervorzuholen, um sie endlich der Verwirklichung zugänglich zu machen. Dies ist die propagandistische Funktion der Kunst."[3]

Das Kontinuum des *Nationalen Kulturellen Erbes* als Programm der Rebellion?

Ich hatte einige Worte im Text von Theodor Heuss ausgelassen. Ich trage sie hier nach. Vollständig lautet der Text: „Wir müssen bereit sein – nicht in patriarchalischem Getue –, ihnen zu helfen, indem wir ihren Erlebnisraum ernst nehmen […]."[4] Heuss identifiziert also das Problem, das entsteht, wenn man jenen Menschen Hilfe anbietet, die man für unfähig hält, sich selbst zu helfen und ihre Wünsche durchzusetzen. Peter Schneider entwickelt diese Vorsicht nicht, sondern empfiehlt ein Konzept, das den Begriff „antiautoritär", mit dem man die 68er bezeichnet, doch ambivalent erscheinen lässt. Schneider bemerkt nicht, dass er gerade indirekt sagt, dass es die Aufgabe der politischen und studentischen Avantgarde sei, die Massen zu belehren, da sie dies nicht selbst könnten. Dieser autoritäre Grundzug, das „patriarchalische Getue" aus dem Jahre 1969 offenbart genau das, was den 1950ern als Zeitgeist zugeschrieben, aber von Theodor Heuss damals ausdrücklich abgelehnt wurde. Beispiele für das massiv autoritäre Auftreten der Anti-Autori-

---

[1] Buch, Hans Christoph: Briefwechsel mit Hermann Peter Piwitt. In: Buch, Hans Christoph: Kritische Wälder. Essays, Kritiken, Glossen. Reinbek bei Hamburg 1972. S. 142–153. Hier S. 145.

[2] Kempowski, Walter: Culpa. Notizen zum ‚Echolot'. München 2005. S. 7 (Erster Eintrag).

[3] Schneider: Die Phantasie im Spätkapitalismus. S. 30f.

[4] Heuss, Theodor: Jugend in der sozialen Ordnung. S. 89.

tären ließen sich reihen: Paradigmatisch das Gespräch, in dem drei Vertreter der Studentenbewegung darüber spekulieren, was und wen man nach der Revolution abschaffen, und was und wen man erhalten müsse in der künftigen Gesellschaft. „Wir rechnen in den Metropolen mit der Verweigerung einzelner Leute und einzelner Schichten und Klassen, die nicht mehr mitmachen. [...] Revolutionär werden diese Leute nie; viel eher werden sie Zyniker. [...] Es fehlt der gesellschaftliche Pilot. Es ist kein Lotse da."[1] Ein Lotse fehlt? In einer berühmten Karikatur von John Tenniel, die 1968 in jedem Schulgeschichtsbuch abgedruckt war, war der Reichskanzler Otto von Bismarck als Lotse abgebildet. Im Englischen lautete der Bildtext: „Dropping the Pilot" (1890).[2] War es das, was den Rebellen vorschwebte? Ein neuer Bismarck?

Im Flugblatt der *Kommune II* wurde anlässlich eines Vortrags von Th. W. Adorno formuliert: „Und wir, was machen wir mit dem feisten Teddy?"[3] Ein Rückfall in jene Auffassung, die Manfred Schmidt schon attackiert hatte. Das Autoritäre wird sogar zum Kennzeichen innerhalb der Rebellengruppe – wie wir es oben in dem chinesischen Revolutionscomic lesen konnten. Adorno bemerkte: „Bei der Apo aber begegne ich immer dem Zwang, sich auszuliefern, mitzumachen, und dem habe ich mich seit meiner frühesten Jugend widersetzt. Und es hat sich darin bei mir nichts geändert. [...] Es gelingt immer wieder einer kleinen Gruppe, Loyalitätszwänge auszuüben"[4].

Die zitierten älteren Autoren fanden also in den 68ern genau jene Haltungen wieder, die man 1949 hoffte überwinden zu können: Das patriarchalische Getue und den Gruppenzwang. Die Protestbewegung war für sie die Wiederkehr jener Gesinnung, gegen die man sich mit dem Demokratiebewusstsein der 1950er Jahre gewandt hatte. Es verstörte, dass die 1968er jenen Paternalismus wiedererstarken ließen, gegen den sich sogar der – umgangssprachlich als „Papa" titulierte – Theodor Heuss gewandt hatte.

*

Wenn man sieht, wie vieles von dem, was sich 1968 selbst als phantasievoll bezeichnete, literarisch längst etabliert war, kann man dem Urteil von Karl Markus Michel zustimmen, der 1968 keine neue Literatur entdeckte: „Die

---

[1] Ein Gespräch über die Zukunft mit Rudi Dutschke, Bernd Rabehl und Christian Semler. In: Kursbuch 14 (1968). S. 146–174. Hier S. 151, 153, 154.

[2] Guratzsch, Herwig (Hg.): Der Lotse geht von Bord. Zum 100. Geburtstag der weltberühmten Karikatur. Wilhelm-Busch-Gesellschaft. Bielefeld 1990.

[3] Das Flugblatt ist abgedruckt in: Szondi, Peter: Über eine ‚Freie (d.h. freie) Universität'. Stellungnahmen eines Philologen. Aus dem Nachlaß hg. v. Jean Bollack [...]. Frankfurt/M. 1973. S. 55–56. Hier S. 56.

[4] Brumm; Elitz: Elfenbeinturm. Interview mit Theodor W. Adorno. S. 204.

Pariser ‚Kulturevolution', läßt sich folgern, hat der bestehenden Kultur, die immer wieder einen neuen Anstoß braucht, *keine neue Wendung gegeben, nur neues Blut zugeführt*"[1]. Es gebe also zwar einige Neuigkeiten, aber keine Erneuerung, keinen Struktur- oder Epochenwandel. Diese Diagnose deckt sich mit Adornos Analyse der angeblich progressiven Unterhaltungsmusik, die Ausdruck eines neuen Lebensgefühls sei: Veränderung ja, aber keine Abwendung vom Alten. Aber was ist neu? Michel wird nun die Lebenswelt selbst zum Ort des Ästhetischen erklären. Das Leben soll schön werden.

5. Die Ästhetik der Revolution

1968 geht es um *Schönheit*, nicht um Gerechtigkeit. Es drängt sich die Auffassung in den Vordergrund, dass die revolutionäre Tat selbst ein Kunstwerk sei: „Aber/ die *Schönheit* der Maschinenpistole/ über der Schulter des Guerilla-Kämpfers/ wenn er dem bolivianischen Kuli/ treffende Argumente gegen seine Unterdrücker liefert/ die sie endlich verstehen"[2]. Diese Auffassung, die Wolf Biermann jenseits der Mauer formulierte, hatte verwirrende Gleichzeitigkeiten: Nachdem am 22. Mai 1967 in Brüssel das Kaufhaus *À l'Innovation* durch Brandstiftung in Brand geraten war und dabei 322 Menschen ihr Leben verloren hatten, veröffentlichte die *Kommune I* in Berlin mehrere Flugblätter, deren Ästhetik so kompliziert war, dass das Gericht mehrere anerkannte Literaturwissenschaftler, u.a. Peter Wapnewski und Peter Szondi, heranziehen musste, um zu verstehen, was überhaupt gemeint war. (Das Volk, von dem Peter Schneider schwärmte, erreichte man so sicher nicht.) „Nur weil [von der Anklage] unerkannt blieb, daß das Flugblatt ein fingierter Zeitungsartikel ist, dessen Verfasser mit dem Verfasser des Flugblatts nicht identisch ist, von ihnen vielmehr kreiert wurde, um die Presse mit den Mitteln der Satire anzugreifen, d.h. nur weil der Text anders ausgelegt wurde, als er von der ‚Kommune I' gemeint war"[3], sei Anklage erhoben worden. Zu dem

---

[1] Michel, Karl Markus: Ein Kranz für die Literatur. Fünf Variationen über eine These. In: Kursbuch 15 (November 1968). S. 169–186. Hier S. 170 (Hervorh. von mir, V.L.).

[2] Biermann, Wolf: Genossen/ wer von uns wäre nicht gegen den Krieg. In: Biermann, Wolf: Mit Marx- und Engelszungen. Berlin 1968. S. 37 (Hervorh. von mir, V.L.). Vgl. dazu den bezeichnenden Titel der Rezension: N.N.: Schöne Pistole/Wolf Biermann: ‚Mit Marx- und Engelszungen'. Wagenbach: 84 Seiten; 5,80 Mark. In: Der Spiegel (1968). H. 45 (04.11.1968). S. 210–211.

[3] Szondi, Peter: Gutachten zur ‚Aufforderung zur Brandstiftung' Juli 1967/März 1968. In: Szondi, Peter: Über eine ‚Freie (d.h. freie) Universität'. Stellung-

vom 24. Mai 1967 datierten Flugblatt schrieb Peter Szondi: „Daraus aber ist zu folgern, daß selbst an jenen Stellen des Flugblattes, wo nicht sogleich zu entscheiden ist, ob Ansichten der Verfasser ausgedrückt werden oder solche, die sie einem von ihnen bekämpften Personenkreis zuschreiben, das letztere angenommen werden muß."[1] Gemeint waren Formulierungen wie: Das „brennende Kaufhaus mit brennenden Menschen" sei „ein neuer gag" „amerikanischer Werbemethoden", der den Einwohnern „ein ungewöhnliches *Schauspiel*" böte, nämlich „jene[s] knisternde Vietnam-Gefühl (dabei zu sein und mitzubrennen)" – und man könne dem Kaufhausbrand, „den wir in Berlin bislang noch missen müssen", „unsere Bewunderung nicht versagen".[2] Dass diese literaturwissenschaftlichen Rechtfertigungen und Relativierungen nicht trafen, was die Urheber des späteren Kaufhausbrandes in Deutschland wollten, sagten diese im Schlusswort des Gerichtsverfahrens. Sie verteidigten ihre Tat als gerecht und forderten, bezogen auf das Gericht: „Noch einmal: Steckt diese Landfriedensbruchbude in Brand."[3]

Auch Theodor W. Adorno war um ein Gutachten zu diesem Text ersucht worden, einer Aufforderung, der er allerdings nicht nachkam. Nun wurde diese seine Weigerung zum ästhetischen Akt stilisiert. Die Leser eines Flugblattes der *Kommune II* werden aufgefordert, sich

„eines anderen *Schauspiels* [zu] erinnern, in dem Prof. Adorno ebenfalls einen kleinen Part übernommen hat. Der Brandstiftungsprozeß gegen Fritz Teufel, Dokument des Irrationalismus der losgelassenen Justiz, kann nur mit einem

---

nahmen eines Philologen. Aus dem Nachlaß hg. v. Jean Bollack [...]. Frankfurt/M. 1973. S. 34–54. Hier S. 41.

[1] Szondi: Gutachten. S. 43.

[2] Auf der (vom Bundesministerium des Inneren mitverantworteten) Internetseite https://www.1000dokumente.de/index.html ist ein Faksimile des Flugblatts einzusehen unter https://www.1000dokumente.de/index.html?c=dokument_de &dokument=0085_kom&object=facsimile&l=de (Hervorh. von mir, V.L.).

[3] Baader, Andreas; Ensslin, Gudrun; Proll, Thorwald; Söhnlein, Horst: Vor einer solchen Justiz verteidigen wir uns nicht. Schlußwort im Kaufhausbrandprozeß. Frankfurt/M. o. J. [1968] [Voltaire Flugschrift 27]. S. 5–16. Hier S. 9. Wie schnell die finanziell erfolgreiche Popmusik, der angebliche Begleiter der Revolte, sich aus der Affäre zog, mag ein Detail aufzeigen. Im zitierten Text fordern die Autoren: „Macht aus Kriminalpolizisten potentielle Kriminelle." (S. 11). Bei den *Rolling Stones* heißt es: „Just as every cop is a criminal/ And all the sinners saints", aber es geht weiter: „As heads is tails/ Just call me Lucifer/ 'Cause I'm in need of some restraint." Es ist der Teufel, der seine Weltsicht kundtut. Text nach: Das Rolling Stones Songbuch. 155 Songs. Deutsch von Teja Schwaner, Jörg Fauser und Carl Weissner. Mit 75 Alternativübersetzungen von Helmut Salzinger. Frankfurt/M. 1979. S. 182.

Sieg der Studenten enden, wenn durch ein Netz sich ergänzender Gutachten dem Gericht jede auch nur scheinbar vernünftige Argumentation unmöglich gemacht wird. [...] Aber [...] der Prof. Adorno ließ sich nicht herbei, das Flugblatt der Kommune als *satirischen* Ausdruck der Verzweiflung zu deuten. [...] Konfrontiert mit der Unmenschlichkeit, die in der abstrusen Anklage gegen Teufel steckt, lehnt er es ab, sich zu äußern."[1]

In der Metaphorik seiner Reaktion blieb Adorno im *ästhetischen* Anspruch des Ansinnens, das freilich politische Folgen hatte: „Seitdem es in Berlin 1967 zum erstenmal zu einem *Zirkus* gegen mich gekommen ist, haben bestimmte Gruppen von Studenten immer wieder versucht, mich zur Solidarität zu zwingen, und praktische Aktionen von mir verlangt. Das habe ich verweigert."[2] Nachdem ein Jahr später am 2. April 1968 zwei Frankfurter Kaufhäuser von den künftigen Mitgliedern der RAF, die „ebenso satireunkundig waren wie der Staatsanwalt [und] ‚das Kunstwerk' der Kommune wörtlich"[3] nahmen, in Brand gesetzt wurden, schließt Ulrike Meinhof ihren eher kritischen Kommentar dazu („für die Nachahmung [...] nicht empfohlen") gleichwohl mit den Worten: „Es bleibt aber auch, was Fritz Teufel auf der Delegiertenkonferenz des SDS gesagt hat: ‚Es ist immer noch besser, ein Warenhaus anzuzünden, als ein Warenhaus zu betreiben.' Fritz Teufel kann manchmal *wirklich gut formulieren*."[4] Die Betrachtung der Ästhetik eines Satzes übersteigt die Frage nach der Humanität seines Inhaltes. Vielleicht ist es die Traditionslinie, die hier unbewusst bemüht wird, denn der preußische General Carl von Clausewitz hatte Johann Gottlieb Fichte gegenüber vom Partisanenkrieg als „dem *schönsten* aller Kriege"[5] gesprochen, was ausge-

---

[1] Flugblatt in: Szondi: ‚Freie (d.h. freie) Universität'. S. 55–56 (Hervorh. von mir, V.L.).

[2] Brumm; Elitz: Elfenbeinturm. Interview mit Theodor W. Adorno. S. 204 (Hervorh. von mir, V.L.).

[3] Schneider: Rebellion und Wahn. S. 175. Und weiter: „Die ‚Spaß-Guerilla' hatte sich einen Spaß aus dem hundertfachen Tod [...] gemacht" – eine „Entgleisung" (S. 175) und eine „geschmacklose bis makabre Provokation" (S. 172).

[4] Meinhof, Ulrike: Warenhausbrandstiftung [Konkret Nr. 14. 1968]. In: Meinhof, Ulrike: Die Würde des Menschen ist antastbar. Aufsätze und Polemiken. Berlin 1980. S. 153–156. Hier S. 156 (Hervorh. von mir, V.L.). Erkennbar ist Teufels Anspielung auf eine Bemerkung in der Dreigroschenoper: „Was ist ein Einbruch in eine Bank gegen die Gründung einer Bank?" Brecht, Bertolt: Die Dreigroschenoper. In: Brecht, Bertolt: Gesammelte Werke. Hg. vom Suhrkamp Verlag in Zusammenarbeit mit Elisabeth Hauptmann. Bd. II. Frankfurt/M. 1967. S. 482.

[5] Schmitt, Carl: Theorie des Partisanen. Zwischenbemerkung zum Begriff des Politischen. Berlin 1963. S. 49 (Hervorh. von mir, V.L.).

rechnet der eher konservative Carl Schmitt in seiner 1963 erschienenen Abhandlung zur „Theorie des Partisanen" zitiert – einem Buch, das die Idee des individuellen Kampfes gegen eine Großmacht bis zu Mao Tse Tung und Hồ Chí Minh nachverfolgt.

„Zur Ästhetik des Protests" überschreibt Karl Markus Michel seinen „Kranz für die Literatur" im *Kursbuch* 15 und zitiert Karl Dietrich Wolff: „Unsere Demonstrationen werden immer *schöner*."[1] Er sieht die herkömmliche Literatur, gleich ob kritisch oder konstruktiv, durch Wirkungslosigkeit an ihr Ende gekommen und will das Ästhetische in die Handlungen verlagern. Formulierungen vom „revolutionären Karneval" vom „Lust-Erlebnis" bei „Konventions- und Tabuverletzung[en]"[2] aus Frankreich belegten, dass dies bereits praktiziert werde. Er gewinnt diesem Konzept eine revolutionäre Kraft ab: Die „Revolution [sei] ein Fest, [...] die Auflehnung gegen die Autoritäten *schön*", und die Rebellion „sollte" so „erlebt werden".[3] Denn das ästhetisch motivierte Handeln überschreite alle Zweck-Mittel-Relationen des herrschenden Falschen und antizipiere „wenigstens für kurze Augenblicke neue Inhalte und Formen"[4], das ganz Andere der Utopie: „Das ist gleichsam der *ästhetische Mehrwert* der neuen Protest- und Demonstrationsformen, der ihre psychische und soziale Motivierung ebenso transzendiert wie ihre (zumeist naive) rationale Begründung."[5] Wir finden hier den klassischen Ästhetikbegriff – etwa aus dem *Ältesten Systemprogramm des deutschen Idealismus*[6] – nunmehr allerdings übertragen auf das Handeln, das zum „schönen Handeln" werden soll. Gewissermaßen ist die Lebenswelt des Menschen das neue Material, aus dem die neuen, allumfassenden, wahren und sittlichen Kunstwerke, die Kunstwerke der Tat geformt werden sollen.

So erkennt anlässlich von Graffitis in Paris Karl Markus Michel, dass nicht ihr Inhalt, sondern ihr „provokative[s] An-die-Wand-Schreiben" die

---

[1] Michel: Ein Kranz für die Literatur. S. 179 (Hervorh. von mir, V.L.).
[2] Michel: Ein Kranz für die Literatur. S. 180.
[3] Michel: Ein Kranz für die Literatur. S. 180 (Hervorh. von mir, V.L.).
[4] Michel: Ein Kranz für die Literatur. S. 180.
[5] Michel: Ein Kranz für die Literatur. S. 181 (Hervorh. im Orig.).
[6] „Zuletzt die Idee, die alle vereinigt, die Idee der *Schönheit*, das Wort in höherem platonischen Sinne genommen. Ich bin nun überzeugt, daß der höchste Akt der Vernunft, der, indem sie alle Ideen umfaßt, ein ästhetischer Akt ist und daß *Wahrheit und Güte nur in der Schönheit* verschwistert sind." Hegel, Georg Wilhelm Friedrich: Werke. Auf der Grundlage der Werke von 1832–1845 neu edierte Ausg. Redaktion Eva Moldenhauer und Karl Markus Michel. Frankfurt/M. 1979. S. 234–237. Hier S. 234.

revolutionäre „Botschaft"[1] sei: „Sie zielen auf eine Politik, die es noch nicht gibt"[2]. Peter Schneider hatte diese Idee antizipiert, als er unter Rückgriff auf die These der oppositionellen und schließlich systemsprengenden, kurz der politischen Bedeutung der neuen Popmusik in dem Text *Beat* schrieb: „Ja, meine Herren, wenn wir unsere Körper durchschütteln, dann sind wir imstande, Ihnen die Kotflügel einzufahren aus höchst angebrachtem Übermut, dann erscheint es möglich, die Mülleimer auf Ihrer Treppe auszuleeren."[3] Gewalt gegen Sachen und Missachtung von Eigentum werden zur „Wirkung" ästhetischer Erfahrungen, die, wie wir zitierten, Adorno gerne einmal analysieren wollte. Nicht der Inhalt der Kunst, sondern eine Wirkung ihres Vorhandenseins soll die soziale Gerechtigkeit herstellen. The *Age of Aquarius*, wie es im Musical *Hair* hieß.

Adorno hatte diesen Ästhetizismus der Rebellierenden bereits sehr früh als das bezeichnet, als das die Rebellen ihn selbst recht offen charakterisieren: Als ästhetische Inszenierung und Wiedergeburt des ehemals Authentischen im Gewand eines sozialen Ästhetizismus (Bohème): „Die neuerdings bezogene Position von Unbildung aus Bildung[4], der Enthusiasmus für die *Schönheit* der Straßenschlachten ist eine Reprise futuristischer und dadaistischer Aktionen. Schlechter Ästhetizismus kurzatmiger Politik ist komplementär zum Erschlaffen ästhetischer Kraft."[5] Vielleicht spiegelt ja die Unterhaltungsmusik doch genau das, was sich gesellschaftlich verändert hat: Nichts. Adorno hätte sich später bei einigen Autoren bestätigt finden können, die dann 1970 das Problem in die Diskussionsforen trugen. Martin Jürgens konstatiert jetzt einen „unbewußten Ästhetizismus linksradikaler Aktionen" und kommt zu dem dann doch sehr selbstkritischen Ergebnis: „Zu einem großen Teil bestand die antiautoritäre Praxis so in der Autosuggestion einer Verfügungsgewalt, die in ihrem illusionären Charakter der der bürgerlichen Künstlerpersönlichkeit ähnlich wurde."[6] Wie

---

[1] Michel: Ein Kranz für die Literatur. S. 171.
[2] Michel: Ein Kranz für die Literatur. S. 172.
[3] Schneider: Ansprachen. S. 57.
[4] Vermutlich war hiermit der Protest gegen seinen Berliner Vortrag gemeint. Im Flugblatt vom 7.7.67 der Kommune II hieß es: „Was soll uns der alte Adorno und seine Theorie, die uns anwidert, weil sie nicht sagt, wie wir diese Scheiß-Uni am besten anzünden und einige Amerika Häuser dazu." Flugblatt in Szondi: ‚Freie (d.h. freie) Universität'. S. 55-56. Hier S. 56.
[5] Adorno: Ästhetische Theorie. S. 473 (Hervorh. von mir, V.L.).
[6] Jürgens, Martin: Der Staat als Kunstwerk. Bemerkungen zur ‚Ästhetisierung der Politik'. In: Kursbuch 20 (März 1970). S. 119–139. Hier S. 134.

bei allen Moden geht es um die Aufmachung, nicht um die Sache; bei der Kunst aber geht es ums Spiel.

Drei Konzeptionen der Ästhetik lassen sich demnach in den 68ern unterscheiden:

Erstens:
Maßstab für das Handeln wurde die ästhetische Betrachtung einer Handlung, so dass ethische Fragen ästhetisch entschieden wurden: Dies würde die Philosophie als Kategorienfehler mit tragischen Folgen bezeichnen.

Zweitens:
Das Politische sei bereits das Ästhetische und daher sei das Ästhetische politisch – was letztlich zu einer Literatur führte, bei der unklar wurde, wie man sie denn zu lesen hätte: Konnte etwas politisch richtig, aber ästhetisch fragwürdig; oder ästhetisch anspruchsvoll, aber politisch falsch sein? Diese Vermischung hat zu Irritationen und endlosen Debatten geführt, die schon damals ohne Ergebnis blieben – und bis heute, etwa in der Beurteilung der Verleihung des Nobelpreises an Peter Handke, zwar die Feuilletons füllen, aber keinerlei Klärung herbeiführen. Betrachtet man die Diskussion, lassen sich die späten 1960er Jahre als eine der Quellen dieser fruchtlosen Kontroversen nachzeichnen.[1]

Drittens:
Das Ästhetische sei subversiv, weil das schöne Handeln des Individuums dem Partiellen der Wirklichkeit gegenüber Geltung beanspruche. Martin Jürgens schreibt 1970: „Dem ganzen System als einem Unwahren setzte die neue Linke das Ganze menschlicher Subjektivität als das Wahre entgegen."[2] Freilich hatte die klassische Ästhetik seit Schillers *Briefen* darauf hingewiesen, dass es bei der Kunst um das lediglich *erscheinende* Ganze ginge, nicht um die empirischen Ansprüche einer zufälligen Person. Die Intention des Kunstwerks opponiert der fragmentierten, verkürzten, d.h. historisch-relativen und zudem interessengesteuerten Wirklichkeit – aber gilt das auch für die Faktizität des Handelns einer empirischen Person? Ist jede Person schon

---

[1] In der bis heute kontroversen Diskussion um einen 1966 als Skandal empfundenen Vortrag Emil Staigers („Züricher Literaturstreit") wären sowohl Kategorienfehler als auch wechselseitiges Nichtverstehen paradigmatisch zu analysieren; vgl. Rickes, Joachim (Hg.): Bewundert viel und viel gescholten. Der Germanist Emil Staiger. Würzburg 2009.

[2] Jürgens: Der Staat als Kunstwerk. S. 131.

eine im Sinne der klassischen Ästhetik[1] *schöne* Person?[2] Allein die naive oder sentimentalisch, idyllische oder satirische Fiktionalität des Kunstwerks ermöglichte doch nur jenes mit sich Identische, an dem die Realität lediglich Anteil oder vielleicht Orientierung haben *kann* oder von dem sie die Möglichkeit der Kritik an dieser Realität erfährt.[3]

6. Die unpolitische Kunst der Selbstinszenierung

1968 als ästhetische Selbstinszenierung? Michael „Bommi" Baumann, einer der wenigen Arbeiterkinder innerhalb der politisch-öffentlichen Studentenbewegung und ihrer terroristischen Ausläufer, hat sich in seinem autobiographischen Bericht *Wie alles anfing*[4] mit eben dieser existenziellen Frage auseinandergesetzt: Warum verlässt jemand den, im Vergleich zur übrigen Welt, relativ gut ausgestatteten Komfortbereich des bundesrepublikanischen Wirtschaftswunders, an dem auch die Arbeiter immer mehr teilhaben konnten? Baumanns chronologische und genetische Antwort fällt nicht politisch aus. Der Auslöser war ästhetisch; er setzt bei dem an, was das 18. Jahrhundert die Affekte nannte: „Also da fängt denn meine Geschichte an. Solange du angepaßt bist, kriegst du ja nie einen Widerspruch mit, hast du nur eine *instinktive Abneigung*, sagen wir mal"[5] – und nun zählt Baumann „Streß" und „Leistungsdruck" als das auf, wogegen er eine *instinktive* Abneigung hatte. Das sind aber persönliche Befindlichkeiten. Seine Aufzählung beschreibt ein Lebensge-

---

[1] „Es ist dem Menschen zwar aufgegeben, […] immer ein harmonirendes Ganze zu seyn, und mit seiner vollstimmigen ganzen Menschheit zu handeln. Aber diese Charakterschönheit, die reifste Frucht seiner Humanität, ist bloß eine Idee, welcher gemäß zu werden er mit anhaltender Wachsamkeit streben, aber die er bey aller Anstrengung nie ganz erreichen kann." Schiller, Friedrich von: Ueber Anmuth und Würde. In: Neue Thalia. 1792–93 (1793). Dritter Band. S. 115–230. Hier S. 191.

[2] So schreibt Peter Schneider ein Gedicht mit dem Titel *Rudi*, das die Tradition der Panegyrik aufnimmt: „Er ist der einzige, den ich kenne/ der mit vollkommen gutem Gewissen siegen kann". Schneider: Ansprachen. S. 68.

[3] Noch einmal das Systemprogramm: „Denn jeder Staat muß freie Menschen als mechanisches Räderwerk behandeln; und das soll er nicht; also soll er aufhören. […] Die Poesie bekommt dadurch eine höhere Würde, sie wird am Ende wieder, was sie am Anfang war – Lehrerin der Menschheit; denn es gibt keine Philosophie, keine Geschichte mehr, die Dichtkunst allein wird alle übrigen Wissenschaften und Künste überleben." Hegel: Werke. Bd. I. S. 234.

[4] Baumann, Bommi: Wie alles anfing. Duisburg 1983 (3. Aufl.).

[5] Baumann: Wie alles anfing. S. 10 (Hervorh. von mir, V.L.).

Kapitel 2: Das Narrativ der Rebellion

fühl, das im Begriff der *Managerkrankheit*[1] noch zehn Jahre zuvor als Attribut des erfolgreichen Wirtschaftens durchaus positiv gesehen und in Komödien mit Heinz Erhardt milde belächelt wurde. Ist bereits diese *instinktive Abneigung* eher im Bereich der Emotionen verankert, kommen nun soziale Erfahrungen mit ästhetischen Phänomenen hinzu.

„In dem Fall, also am Anfang in Berlin, war es ja so, daß es dir *mit den langen Haaren* plötzlich wie einem Neger gegangen ist, verstehst du. Die ham uns aus Kneipen rausgeschmissen, auf den Straßen angespuckt, beschimpft und sind hinterhergerannt [...], ewig Ärger, also auch mit wildfremden Leuten auf der Straße, denen ich nun wirklich nichts getan habe, *war ja nun echt ein vollkommen friedlicher Mensch*",

den dann 1981 „das Landgericht Berlin [...] wegen zwei Banküberfällen und einem Bombenanschlag auf das Berliner Landeskriminalamt zu fünf Jahren und zwei Monaten Haft"[2] verurteilte. Die Rebellion ging von einer *ästhetischen* Dissonanz aus, die nun sozial oder politisch gedeutet wurde:

„Bei mir war es gleichzeitig so, bei dieser Bluesmusik, diese Problematik, die da rauskommt, die Situation der Neger, du siehst denn plötzlich den Zusammenhang. Du bist denn plötzlich och sone Art Jude oder Neger oder Aussätziger, auf alle Fälle bist du irgendwie draußen, *vollkommen unbewußt*."[3]

So bleibt es auch, es geht um Stimmungen und Abgrenzung anlässlich dieser Stimmungen: „[W]orüber haben wir geredet? Das war eigentlich immer dieselbe Ansammlung von *Mißfallensbekundungen*"[4]. Und Baumann ist sich über den sozialen und systematischen Standort dieser Bekundungen im Klaren: Es sind ästhetizistische Positionen einer sich selbst stilisierenden und sich selbst gegen die Bürgerwelt abgrenzenden Subkultur, deren Entstehen und Blütezeit er analog zu Adornos Bemerkung über den „Enthusiasmus für die *Schönheit* der Straßenschlachten"[5] soziologisch richtig verortet:

---

[1] Graf, Otto: Die Krankheit der Verantwortlichen. Die Manager-Krankheit. Köln a. Rh., Merheim 1953. Heinz Erhardt verkörperte in vielen Filmen den an dieser Krankheit allzu gern leidenden Manager, den man gegen seinen Willen vom Dauerstress heilen musste.

[2] Sontheimer, Michael: Nachruf auf Bommi Baumann: Wie alles endete. In: taz. 20.07.2016. Zit.: https://taz.de/Nachruf-auf-Bommi-Baumann/!5320956/ (Hervorh. von mir, V.L.).

[3] Baumann: Wie alles anfing. S. 10f., so im Original (nur die Hervorh. von mir, V.L.).

[4] Baumann: Wie alles anfing. S. 20 (Hervorh. von mir, V.L.).

[5] „Enthusiasmus für die *Schönheit* der Straßenschlachten ist eine Reprise futuristischer und dadaistischer Aktionen." Aus: Adorno: Ästhetische Theorie. S. 473 (Hervorh. von mir, V.L.).

„Früher hat es ausschließlich Bohèmiens erfaßt, und 65 machten dann zum erstenmal auch Proleten mit. Das ist natürlich immer eine elitäre Geschichte, ein Bohèmetrip, oder so ein *Pseudokünstlertum*, wir fühlen uns allen anderen in der Welt überlegen!"[1]

Und so fasst er zusammen: „Solange ich zurückdenken kann, geht mir das auf den Geist, da bin ich wahrscheinlich Ästhet."[2] Es war eine Geschmacks-Revolution. Aus dem Gefühl. Und es war eine Rebellion, die von Anfang an die Publizität mit sozialer Wirksamkeit und Nachhaltigkeit verwechselte:

> „Man interessierte sich [in der *Kommune I*] auch sehr für die Presse. Man hat gleich ausgerechnet, wie wird speziell die Berliner Presse auf die Aktion reagieren, wie werden sie die Sache auslegen, *und danach wurde die Strategie bestimmt.*"[3]

Rudi Dutschke hatte es so in einem Interview indirekt bestätigt: „Mit Provokationen können wir uns einen öffentlichen Raum schaffen, in den wir unsere *Ideen*, unsere *Wünsche* und unsere *Bedürfnisse* hineinlegen können."[4] Was in dieser Aufzählung fehlt, sind Argumente, Begründungen, durchdachte Vorschläge. Franz Josef Degenhardt schien dies bemerkt zu haben, aber fand es wohl unangemessen, dass man sich auch noch argumentativ gegen etwas Verhasstes wenden sollte. Das Argumentieren selbst schien ihm bereits der Fehler:

> „Vatis argumente/ also wenn vati loslegt/ dann bringt er so seine/ argumente/ zum beispiel fall Dutschke/ sagt vati/ möchte ich gern mal mit sprechen/ wirklich und wißt ihr/ was ICH ihm dann sagen würd/ lieber Rudi Dutschke/ würde vati sagen/ das ist ja alles/ ganz gut und schön/ aber kaputtschlagen/ kann jeder/ doch wie is denn mit/ ÄRMEL AUFKREMPELN ZUPACKEN AUFBAUEN."[5]

Angesichts der drohenden Umweltzerstörung sagt Nicolas Born in seiner Dankrede für den Bremer Literaturpreis: „Meine Klage ist emotional, und ich habe aufgehört, mich deshalb für inkompetent zu halten. Ich habe genug gesehen, gehört und gelesen, auch von sogenannten Experten. Ich weigere mich, mich Tag für Tag aufs neue, wie es heißt, ‚sachkundig zu machen'."[6]

---

[1] Baumann: Wie alles anfing. S. 14f. (Hervorh. von mir, V.L.).
[2] Baumann: Wie alles anfing. S. 16.
[3] Baumann: Wie alles anfing. S. 27 (Hervorh. von mir, V.L.).
[4] Zit. nach: Lindner, Werner: Jugendprotest seit den fünfziger Jahren: Dissens und kultureller Eigensinn. Opladen 1996. S. 174 (Hervorh. von mir, V.L.).
[5] Degenhardt: vatis argumente. S. 37 (Hervorh. im Orig.).
[6] Born, Nicolas: ‚Öffentlicher Wahnsinn trifft irreparable Entscheidungen'. Eine Dankrede gegen die Zerstörung von Geschichte. In: Frankfurter Rundschau 1977. Nr. 30. S. 12.

Emotionen statt Argumente? Taten statt Begründungen? Es bleibt die Frage: Wie sollen sich Menschen dann verständigen?

7. Mode oder Strukturwandel?

Realpolitisch oder soziostrukturell verändert hat sich durch das, was man 1968 nennt, nichts. In einem Aufsatz aus dem Jahre 1971 scheint man dieses Ergebnis bereits vorausgesehen zu haben:

> „Keiner der europäischen Sozialdemokratien stellt sich heute noch das Problem *einer auch nur schrittweisen Transformation des Systems*, im Gegenteil, sie entwickeln sich allgemein zur Speerspitze des Angriffs gegen jede Gruppierung, die noch revolutionär ist oder sich dafür hält."[1]

Die gesellschaftsstabilisierenden und ökonomischen Strukturen blieben nicht nur unverändert, sie wurden nach 1968 vielmehr verfestigt – weltweit übrigens: Schon 1969, ein Jahr nach dem *Pariser Mai*[2], wurde in Frankreich der Gaullist Georges Pompidou Präsident. 1972 wählte eine überwältigende Mehrheit der Amerikaner den Republikaner Richard Nixon zum Präsidenten: 520 von 537 Wahlleuten stimmten für ihn. Ausgezählt bedeutete das 47 Millionen Wählerstimmen für ihn, ca. 29 Millionen der Stimmen gegen ihn. Dieses Wahlergebnis veranlasste den sich inzwischen als „Held der Arbeiterklasse" (*Working Class Hero*, 1970, Apple R 6009) verstehenden Ex-Beatle, John Lennon, der *Alle Macht dem Volke* (*Power to the People*, 1971, Apple R 5892) gewünscht hatte, zum Rückzug aus der Politik. Das Volk hatte seine Macht anders genutzt, als der Volksheld es vom Volk erwartet hatte:

---

[1] Rossanda, Rossana: Das Problem der Demokratie und die Macht in der Übergangsgesellschaft. (Ital. Original 1971). In: Rossanda, Rossana: Über die Dialektik von Kontinuität und Bruch. Zur Kritik revolutionärer Erfahrungen – Italien, Frankreich, Sowjetunion. Polen, China, Chile. Ins Deutsche übersetzt von Burkhart Kroebner. Frankfurt/M. 1971. S. 48–68. Hier S. 50 (Hervorh. von mir, V.L.).

[2] Ambivalent stellt Claude Nougaro in seinem Lied *Paris Mai* (1968) fest: „Le casque des pavés ne bouge plus d'un cil/ La Seine de nouveau ruisselle d'eau bénite/ Le vent a dispersé les cendres de Bendit/ Et chacun est rentré chez son automobile/ J'ai retrouvé mon pas sur le glabre bitume." (1968, Philips 6325 219) (Etwa: Der Kopfsteinpflasterhelm bewegt keine Wimper mehr/ Die Seine fließt wieder mit heiligem Wasser/ Der Wind verstreute die Asche von Bendit [gemeint ist Daniel Cohn-Bendit (*1945)]/ Und jeder kehrte mit seinem Auto nach Hause zurück/ Ich fand meinen Schritt auf dem nackten Asphalt.") Beschreibung eines Endes am Anfang?

„John war [...] völlig desorientiert – wie so oft verwandelte er Ratlosigkeit in destruktive Wut. In der Wahlnacht rannte er zu Jerry Rubin, wo er die vorm Fernseher versammelten Freunde anschrie: ‚Das ist es also? Das ist es? Ich kann's nicht glauben, das ist also die Scheiße [...] Sie haben mir nicht zugehört!' Vor Yokos Augen verschwand er mit einer zufällig anwesenden Frau in Rubins Schlafzimmer."[1]

Der Rückzug ins Private. Aber nicht ins politisiert Private.[2] Sondern in die Privatisierung. Nikolas Born schreibt voller Vorahnung in seinem *Zuhausegedicht*: „Es ist der 12. November 1970 am Morgen/ 18 Grad Außentemperatur/ drei Briefe und eine Karte im Kasten [...]/ Piwitt[3] pflegt im Bad seine hohe Stirn/ ein Gespräch über Sozialismus haben wir/ rechtzeitig abgebrochen/ [...] einmal wollen wir für uns selber da sein/ und für andere/ das ist der Einsatz den wir heute wagen."[4] In den antithetischen und doppelspaltig gedruckten *Nachbemerkungen* notiert Born: „Aber jeder ist eine gefährliche Utopie, wenn er seine Wünsche, Sehnsüchte und Imaginationen wiederentdeckt unter dem eingepaukten Wirklichkeitskatalog."[5] Wünsche, Sehnsüchte und Imaginationen sind schon deshalb gut, weil sie individuell sind? Individualismus ist an sich gut? „Ich bin's", nannte der ehemalige Kommunarde Rainer Langhans seine Autobiographie. Darum war es immer gegangen: Der narzisstische Teil einer Generation buhlte um Aufmerksamkeit. Das passte gut zum Neoliberalismus.

In Großbritannien wird von 1979 an die Konservative Margaret Thatcher für elf Jahre Regierungschefin bleiben, sodass nur noch im Pop, im *Great Rock 'n' Roll Swindle* (1980, Drehbuch/Regie: Julien Temple) so etwas wie *Anarchy in the U.K.* (1976, EMI 2566a) gefeiert wurde. Die Bürger, deren Vertreter Frau Thatcher mit zunehmender Mehrheit (43 (1979), 144 (1983), 193 (1987) Stimmen) wählten, wünschten diese Anarchie nicht und teilten auch nicht die Ansicht, dass es nun *no future* gäbe. Vielmehr setzte sich ein bisher nicht gekannter Neoliberalismus realpolitisch durch.[6] Man könnte

---

[1] Posener, Alan: John Lennon. Reinbek bei Hamburg 1987. S. 117.

[2] John Lennon hat dies auch beschrieben und begründet: „I'm just sitting here watching the wheels go round and round/ I really love to watch them roll/ No longer riding on the merry-go-round/ I just had to let it go." (*Watching the wheels*. 1980, Geffen Records GEF 79 207).

[3] Gemeint ist Hermann Peter Piwitt (*1935).

[4] Born, Nicolas: Das Auge des Entdeckers. Gedichte. Reinbek bei Hamburg 1972. S. 11.

[5] Born: Das Auge des Entdeckers. S. 114.

[6] Vgl. den Abschnitt „Drei Phasen der Globalisierung" von: Schulz, Günther: Globalität: Deutungsmodelle der Geschichte. In: Kühnhardt, Ludger; Mayer,

geneigt sein zu fragen, ob sich der Neoliberalismus nicht nur als Wirtschafts-, sondern als Gesellschaftsform gerade *wegen* der angeblichen Kulturrevolution durchsetzte. Oder ob, was als Pop-Revolution bezeichnet worden war, nicht bereits dieser Neoliberalismus *war*:

„Aber zugleich propagierte diese Gegenkultur eine Glorifizierung des Individualismus nach Art der [Rolling] Stones, die dazu beitrug, dass die britische Gesellschaft sich stärker in Richtung des Thatcherismus entwickelte. [...] Die Anhänger der Jugendbewegungen hielten sich selbst für Rebellen und Revolutionäre, eine Bedrohung für das kapitalistische System stellten sie nicht dar. Es war gleichgültig, ob sie statt der Lederschuhe Adidas-Turnschuhe, statt eines Anzugs Punk-Bondage-Hosen und statt eines Hemds Iron-Maiden-T-Shirts trugen. Dem Kapitalismus war es vollkommen egal [...]."[1]

Tilman: Bonner Enzyklopädie der Globalität. Bd. I. Wiesbaden 2017. S. 79–92. Hier S. 85.

[1] Vgl. (mit vielen Belegen) das gesamte Kapitel in: Higgs, John: Einstein, Freud & Sgt. Pepper. Eine andere Geschichte des 20. Jahrhunderts. Aus dem Englischen von Michael Bischoff. Frankfurt/M. 2015. S. 239–253. Hier S. 250–251. Auch hier fragt sich, ob die Anspielungen noch verstanden werden: Wildlederschuhe gehörten zur signifikanten Ausstattung der englischen Mods, was sich wiederum auf den Titel *Blue Suede Shoes* (1956) von Carl Perkins bezog. Die Rapper (z.B. *Run DMC*) hingegen trugen Adidas-Schuhe (*My Adidas*, 1986; Profile PRO 7102). Die *Beatles* und die *Rolling Stones* traten Anfang der 1960er Jahre in Anzügen und mit Krawatte auf, die *Rolling Stones* ließen sich sogar in hochmodischen Designeranzügen ablichten. Das Baumfäller- oder Arbeiterhemd war Markenzeichen des Gitarristen Rory Gallagher (*The Taste*).

Zitierte Literatur

Werkausgaben wurden nach dem Originaltitel zitiert, nicht nach den Herausgebern. Der Autorenname wird zuvor in der Anordnung Nachname, Vorname in eckigen Klammern vorangesetzt. Bei Band-Namen (z. B. The Beatles) ist das erste Wort nach dem Artikel für die alphabetische Auflistung maßgeblich, auch wenn es ein Adjektiv oder Vorname ist: The *R*olling Stones. Auf den Nachweis von Schallplatten oder CDs wird in der Bibliographie verzichtet, da sie jedes Mal vollständig im Text nachgewiesen sind. Eckige Klammern hinter Aufsatz oder Buchtitel geben das Datum der Ersterscheinung an.

Adorno, Theodor W.: Musikalische Aphorismen [1927]. In: Adorno, Theodor W.: Gesammelte Schriften. Hg. v. Rolf Tiedemann [...]. Bd. XVIII. Frankfurt/M. 1984. S. 13–44.

---: Über Jazz [1936/37]. In: Adorno, Theodor W.: Gesammelte Schriften. Hg. v. Rolf Tiedemann [...]. Bd. XVII. Frankfurt/M. 1984. S. 74–108.

---: [Rez.] Wilder Hobson, American Jazz Music. New York: Norton & Company 1939. Winthrop Sargeant, Jazz Hot and Hybrid. New York: Arrow Editions 1938 [1941]. In: Adorno, Theodor W. Gesammelte Schriften. Hg. v. Rolf Tiedemann [...]. Bd. XIX. Frankfurt/M. 1984. S. 382–399.

---: Neunzehn Beiträge über neue Musik [1946]. In: Adorno, Theodor W.: Gesammelte Schriften. Hg. v. Rolf Tiedemann [...]. Bd. XVIII. Frankfurt/M. 1984. S. 57–176.

---: Zeitlose Mode. Zum Jazz [1953]. In: Adorno, Theodor W.: Prismen. Kulturkritik und Gesellschaft. Frankfurt/M. 1976. S. 144–161.

---: [Für und wider den Jazz]. In: Merkur 7 (1953). H. 67. S. 890–893.

---: Was bedeutet: Aufarbeitung der Vergangenheit? [1959]. In: Adorno, Theodor W.: Erziehung zur Mündigkeit. Vorträge und Gespräche mit Hellmut Becker 1959–1969. Hg. v. Gerd Kadelbach. Frankfurt/M. 1975. S. 10–28.

---: Einleitung in die Musiksoziologie [1961/62]. Frankfurt/M. 1975.

---: Vorreden der Herausgeber II. [1964]. In: Benjamin, Walter: Briefe. Hg. u. mit Anm. versehen von Gershom Scholem und Theodor W. Adorno. Bd. I. Frankfurt/M. 1978. S. 14–21.

---: Tabus über den Lehrberuf [1965]. In: Adorno, Theodor W.: Gesammelte Schriften. Hg. v. Rolf Tiedemann [...]. Bd. X/2. Frankfurt/M. 1984. S. 656–673.

---: Erziehung nach Auschwitz [1966]. In: Adorno, Theodor W.: Erziehung zur Mündigkeit. Vorträge und Gespräche mit Hellmut Becker 1959–1969. Hg. v. Gerd Kadelbach. Frankfurt/M. 1975. S. 88–104.

---: Offener Brief an Rolf Hochhuth [1967]. In: Adorno, Theodor W.: Gesammelte Schriften. Hg. v. Rolf Tiedemann [...]. Bd. XI. Frankfurt/M. 1997. S. 591–598.

---: Schlußwort zu einer Kontroverse über Kunstsoziologie [ca. 1967]. In: Adorno, Theodor W.: Gesammelte Schriften. Hg. v. Rolf Tiedemann [...]. Bd. X/2. Frankfurt/M. 1984. S. 810–815.

---. Ästhetische Theorie. Frankfurt/M. 1974 (2. Aufl.).

---: Keine Angst vor dem Elfenbeinturm. Interview mit Theodor W. Adorno. In: Der Spiegel (5.5.1969). S. 204–209.

---; Haselberg, Peter von: Über die geschichtliche Angemessenheit des Bewußtseins. In: Akzente 12 (1965). H. 6. S. 486–497.

Aichinger, Ilse: Meine Sprache und ich [1968]. In: Aichinger, Ilse: Dialoge. Erzählungen. Gedichte. Stuttgart 1971. S. 3–6.

Alff, Wilhelm: Zwischen Gefangenschaft und Gefangenschaft. In: Aufklärung. 18. Oktober 1952. Zit. in: Materialien zu *Die Kirschen der Freiheit von Alfred Andersch*. Hg. v. Winfried Stephan. Zürich 2002. S. 69–73.

Antz, Joseph: Ich bitte um Verständnis für die junge Generation. Nachdr. in: Hammelsbeck, Oskar (Hg.): Überlieferung und Neubeginn. Probleme der Lehrerbildung und Bildung nach zehn Jahren des Aufbaus. Ratingen 1957. S. 299–302.

Arntzen, Helmut: Metaphernbasis [1993]. In: Arntzen, Helmut: Sprache, Literatur und Literaturwissenschaft, Medien. Frankfurt/M. 2009. S. 40–43.

---: Ursprung der Gegenwart. Zur Bewußtseinsgeschichte der Dreißiger Jahre in Deutschland. Weinheim 1995.

Atze, Marcel: „Unser Hitler". Der Hitler-Mythos im Spiegel der deutschsprachigen Literatur nach 1945. Göttingen 2003.

Augustin, Gerhard: Die Beat-Jahre. München 1987.

Baader, Andreas; Ensslin, Gudrun; Proll, Thorwald; Söhnlein, Horst: Vor einer solchen Justiz verteidigen wir uns nicht. Schlußwort im Kaufhausbrandprozeß. Frankfurt/M. o. J. [1968] [Voltaire Flugschrift 27]. S. 5-16.

Barnes, Clive: Theater: ‚Hair' – It's Fresh and Frank. In: The New York Times. 30. April 1968. S. 40.

Baumann, Bommi: Wie alles anfing. Duisburg 1983 (3. Aufl.).

The Beatles Songbook I. Das farbige Textbuch der Beatles. Hg. v. Alan Aldridge. Deutsch von Peter Zentner. München 1971.

Becker, Hellmut: Die verwaltete Schule. Gefahren und Möglichkeiten. In: Merkur 7 (1954). S. 1155-1177.

---: Kulturpolitik und Schule. Probleme der verwalteten Welt. Stuttgart 1956.

Becker, Rolf: [Rez.:] Deutsche Seele. Joachim Fernau: ‚Halleluja. Die Geschichte der USA'. Herbig, München; 320 Seiten; 24,80 Mark. In: Der Spiegel 30 (1977). H. 36 (28.08.1977). Zit.: https://www.spiegel.de/kultur/deutsche-seele-a-46453ce5-0002-0001-0000-000040749216.

Becker, Rolf O.: Das Schwert der Wüste. Vom Kampf Israels gegen die Araber. München o.J. [1959] (= Soldatengeschichten aus aller Welt. Bd. 37).

Beheim-Schwarzbach, Martin: [Redebeitrag]. In: Schriftsteller: Ja-Sager oder Nein-Sager? Das Hamburger Streitgespräch deutscher Autoren aus Ost und West. Das vollständige Tonbandprotokoll. Zeichnungen von Paul Flora. Hamburg 1961 (das aktuelle thema. Bd. VII). S. 85f.

Benjamin, Walter: Einbahnstraße [1928]. Frankfurt/M. 1972.

---: Gebrauchslyrik? Aber nicht so [1929]. In: Benjamin, Walter: Gesammelte Schriften. Unter Mitwirkung von Theodor W. Adorno und Gershom Scholem. Hg. v. Rolf Tiedemann und Hermann Schweppenhäuser. Bd. III. Kritiken und Rezensionen. Hg. v. Hella Tiedemann-Bartels. Frankfurt/M. 1991. S. 183–184.

---: Baudelaire unterm Stahlhelm [1931]. In: Benjamin, Walter: Gesammelte Schriften. Unter Mitwirkung von Theodor W. Adorno und Gershom Scholem. Hg. v. Rolf Tiedemann u. Hermann Schweppenhäuser. Bd. III. Kritiken und Rezensionen. Hg. v. Hella Tiedemann-Bartels. Frankfurt/M. 1991. S. 303–304.

Berendt, Joachim-Ernst: Der Jazz. Eine zeitkritische Studie. Stuttgart 1950.

Biermann, Wolf: Mit Marx- und Engelszungen. Berlin 1968.

Bloch, Ernst: Das Prinzip Hoffnung [1954/59]. Frankfurt/M. 1985.

Böll, Heinrich: Über die Brücke [1950]. In: Böll, Heinrich: Wanderer, kommst du nach Spa... Erzählungen München 1957. S. 7-11.

Bohn, Jörg: Die Zeitschrift „HÖR ZU!" (zuerst in: TRÖDLER (2008). H. 10.) (zit.: http://www.wirtschaftswundermuseum. de/hoerzu.html).

Borchert, Wolfgang: Draussen vor der Tür und ausgewählte Erzählungen. Mit einem Nachwort von Heinrich Böll. Hamburg 1956.

Born, Nicolas: Das Auge des Entdeckers. Gedichte. Reinbek bei Hamburg 1972.

---: ‚Öffentlicher Wahnsinn trifft irreparable Entscheidungen'. Eine Dankrede gegen die Zerstörung von Geschichte. In: Frankfurter Rundschau 1977. Nr. 30. S. 12.

Boulle, Pierre: Die Brücke am Kwai. Übers. v. Gottfried Beutel. Hamburg 1956.

Bracher, Karl Dietrich: Drei zeitgeschichtliche Phasen. In: Bracher, Karl Dietrich; Jäger, Wolfgang; Link, Werner: Republik im Wandel. 1969–

1974. Die Ära Brandt. Stuttgart, Mannheim 1986 (= Geschichte der Bundesrepublik Deutschland. In 5 Bänden. Bd. V/1. Hg. v. Karl Friedrich Bracher, Theodor Eschenburg, Joachim C. Fest, Eberhard Jäckel). S. 285–286.

Braese, Stephan: Gruppe 47. In: Fischer; Lorenz (Hg.): Lexikon der ‚Vergangenheitsbewältigung'. Bielefeld 2015 (3., überarb. u. erw. Aufl.). S. 116–119.

Brecht, Bertolt: Die Dreigroschenoper. In: Brecht, Bertolt: Gesammelte Werke in 20 Bänden. Hg. vom Suhrkamp Verlag in Zusammenarbeit mit Elisabeth Hauptmann. Bd. II. Frankfurt/M. 1967. S. 393–497.

Brinkmann, Rolf Dieter; Rygulla, Ralf Rainer (Hg.): Acid. Neue amerikanische Szene. Darmstadt 1969.

Brumm, Dieter; Elitz, Ernst: Keine Angst vor dem Elfenbeinturm. Interview mit Theodor W. Adorno. In: Der Spiegel (05.05.1969). S. 204–209.

Buch, Hans Christoph: Von der möglichen Funktion der Literatur. Eine Art Metakritik. In: Kursbuch 20 (März 1970). S. 42–52.

---: Agitprop und neue Gegenständlichkeit. Lyrik von F. C. Delius und Nicolas Born [1970]. In: Buch, Hans Christoph: Kritische Wälder. Essays, Kritiken, Glossen. Reinbek bei Hamburg 1972. S. 116–120.

---: Tarzan oder der Anteil des Imperialismus an der Menschwerdung des Affen [1971]. In: Buch, Hans Christoph: Kritische Wälder. Essays, Kritiken, Glossen. Reinbek bei Hamburg 1972. S. 50–65.

---: Briefwechsel mit Hermann Peter Piwitt. In: Buch, Hans Christoph: Kritische Wälder. Essays, Kritiken, Glossen. Reinbek bei Hamburg 1972. S. 142–153.

Dahrendorf, Malte: Das zeitgeschichtliche Kinder- und Jugendbuch zum Thema Faschismus/Nationalsozialismus. Überlegungen zum gesellschaftlichen Stellenwert, zur Eigenart und zur Didaktik. In: Rank, Bernhard; Rosebrock, Cornelia (Hg.): Kinderliteratur, literarische Sozialisation und Schule. Weinheim 1997. S. 201–226.

Degenhardt, Franz Josef: vatis argumente. In: Degenhardt, Franz Josef: Im Jahr der Schweine. 27 Lieder mit Noten [1970]. Reinbek bei Hamburg 1973. S. 37.

Dönhoff, Friedrich: Die Welt ist so, wie man sie sieht. Erinnerungen an Marion Dönhoff. Hamburg 2002.

---: Savoy Blues. Ein Fall für Sebastian Fink. Zürich 2008.

Doetinchem, Dagmar von; Hartung, Klaus: Zum Thema Gewalt in Superhelden-Comics. Berlin 1974.

Droysen, Johann Gustav: Historik. Rekonstruktion der ersten vollständigen Fassung der Vorlesungen (1857). Grundriß der Historik in der ersten handschriftlichen (1857/1858) und in der letzten gedruckten Fassung (1882). Textausgabe, von Peter Ley. Stuttgart-Bad Cannstadt 1977.

Dutschke, Rudi: Ein Gespräch über die Zukunft mit Rudi Dutschke, Bernd Rabehl und Christian Semler. In: Kursbuch 14 (1968). S. 146–174.

---: Interview. In: Konkret (1968). H. 3 (März). S. 115.

Eco, Umberto: Vorsichtige Annäherung an einen anderen Code. In: Das Mädchen aus der Volkskommune. Chinesische Comics. Mit einer Einleitung von Gino Nebiolo und Kommentaren von Jean Chesneaux und Umberto Eco. Deutsch von Arno Widmann. Reinbek bei Hamburg 1972. S. 318–331.

Eggebrecht, Axel: Vorwort. In: Die zornigen alten Männer. Gedanken über Deutschland seit 1945. Hg. v. Axel Eggebrecht. Reinbek bei Hamburg 1979. S. 7–28.

Enzensberger, Hans Magnus: Die Aporien der Avantgarde. In: Enzensberger, Hans Magnus: Einzelheiten. Frankfurt/M. 1962. S. 291–315.

Evans, Mike; Kingsbury, Paul; in Zusammenarbeit mit The Museum at Bethel Woods (Hg.): Woodstock. München 2010.

Fassbinder, Rainer-Werner: Katzelmacher. Berlin 1985.

Fernau, Joachim: Disteln für Hagen. Bestandsaufnahme der deutschen Seele. München, Berlin 1966.

---: Halleluja. Die Geschichte der USA. München 1977.

Fischer, Dietrich: 13 x Bomba – höchste Gefahr. In: Jugend und Literatur. Monatshefte für Jugendschrifttum 7 (1961). H. 8. S. 358–361.

Fischer, Torben; Lorenz, Matthias N.: Anlage und Benutzung. In: Fischer; Lorenz (Hg.): Lexikon der ‚Vergangenheitsbewältigung'. Bielefeld 2015 (3., überarb. u. erw. Aufl.). S. 15–17.

Fuchs, Wolfgang J.; Reitberger, Reinhold C.: Comics. Anatomie eines Massenmediums [1971]. Reinbek bei Hamburg 1973. (Gekürzte Ausgabe).

Glaser, Hermann; Lehmann, Jakob; Lubos, Arno: Wege der deutschen Literatur. Eine geschichtliche Darstellung. Frankfurt/M., Berlin 1962. (Wesentlich erweiterte Aufl.).

Graf, Otto: Die Krankheit der Verantwortlichen. Die Manager-Krankheit. Köln a. Rh., Merheim 1953.

Gregor, Manfred: Stadt ohne Mitleid. o. O. 1961.

Guenter, Klaus Th.: Protest der Jungen. Eine kritische Würdigung aus den eigenen Reihen. München 1961.

Guratzsch, Herwig (Hg.): Der Lotse geht von Bord. Zum 100. Geburtstag der weltberühmten Karikatur. Wilhelm-Busch-Gesellschaft. Bielefeld 1990.

Habe, Hans: Ob tausend fallen. Ein Bericht [1942]. Zit.: Bergisch-Gladbach 1976.

Habeck, Robert: Der Mut, der uns verpflichtet. In: Süddeutsche Zeitung 20.07.2022 (= https://www.sueddeutsche.de/kultur/robert-habeck-rede-20-juli-1944-1.5624714).

Habermas, Jürgen: Geschichtsbewußtsein und posttraditionale Identität. Die Westorientierung der Bundesrepublik [1987]. In: Habermas, Jürgen: Die Moderne – ein unvollendetes Projekt. Philosophisch-politische Aufsätze 1977–1990. Leipzig 1990. S. 159–179.

Hair. The American Tribal Love-Rock Musical. Book & Lyrics by Gerome Ragni and James Rado. Music by Galt MacDermot. New York 1969 (6. Aufl. 1970).

Haller, Michael: Der Jugendrichter. Der Pauker. Den gleichnamigen Filmen mit Heinz Rühmann in der Hauptrolle nacherzählt. Rastatt in Baden 1960.

Hamm-Brücher, Hildegard: Leserbrief der Abgeordneten im Bayerischen Landtag, Frau Hildegard Hamm-Brücher, vom 17. Februar 1964. In: Picht, Georg: Die deutsche Bildungskatastrophe. Analyse und Dokumentation. Olten, Freiburg i. Br. 1964. S. 215–216.

Haug, Hans-Jürgen: Was wollen die Schüler? Frankfurt/M. 1969.

---: Was wollen die Lehrlinge? Frankfurt/M. 1971.

Hegel, Georg Wilhelm Friedrich: Werke. Auf der Grundlage der Werke von 1832–1845 neu edierte Ausg. Redaktion Eva Moldenhauer und Karl Markus Michel. Frankfurt/M. 1979.

Heiberg, Hans: Die Reise nach Dixieland. Ein Buch für Jazz-Fans und andere Musikfreunde. o. O. [Hannover] 1957.

Herking, Ursula: Danke für die Blumen. damals. gestern. heute. München, Gütersloh, Wien 1973.

Hesiod: Sämtliche Werke. Theogonie. Werke und Tage. Der Schild des Herakles. Deutsch von Thassilo von Scheffer. Wien 1936.

Hetman, Frederik: Vorwort. In: Hetman, Frederik (Hg.): Protest – Lieder aus aller Welt. Frankfurt/M., Hamburg 1967. S. 9–15.

Heuss, Theodor: Jugend in der sozialen Ordnung. (1955). In: Heuss, Theodor: Geist der Politik. Ausgewählte Reden. Frankfurt/M. 1964. S. 85–93.

Higgs, John: Einstein, Freud & Sgt. Pepper. Eine andere Geschichte des 20. Jahrhunderts. Aus dem Englischen von Michael Bischoff. Frankfurt/M. 2015.

Hirsch, Kurt: Die junge Arbeiterin und ihre Umwelt. In: Gewerkschaftliche Rundschau: Monatsschrift des Schweizerischen Gewerkschaftsbundes 51 (1959). H. 5. S. 148–152.

Hoffmann, Raoul: Zwischen Galaxis & Underground. Die neue Popmusik. München 1971.

Hohn, Detlev: Auch wir waren dabei. Ostern 1968 in Hamburg. Norderstedt 2013..

Holthusen, Hans Egon: Über den sauren Kitsch [1950/1951]. In: Holthusen, Hans Egon: ja und nein. Neue kritische Versuche. München 1954. S. 240–248.

---: Reflexionen eines Deserteurs [1953]. In: Holthusen, Hans Egon: ja und nein. Neue kritische Versuche. München 1954. S. 207–218.

Horkheimer, Max; Adorno, Theodor W.: Dialektik der Aufklärung. Amsterdam 1947.

Hügel, Hans-Otto; Zeisler, Gert (Hg.): Die süßesten Früchte. Schlager aus den Fünfzigern. Frankfurt/M., Berlin 1992.

Huster, Ernst-Ulrich; Kraiker, Gerhard; Scherer, Burkhard; Schlotmann, Friedrich-Karl; Welteke, Marianne: Determinanten der Westdeutschen Restauration 1945-1949. Frankfurt/M. 1975.

Jary, Micaela: Traumfabriken made in Germany. Die Geschichte des deutschen Nachkriegsfilms 1945–1960. Berlin 1993.

Johnson, Uwe: Jahrestage 3. Aus dem Leben von Gesine Cressphal. Frankfurt/M. 1973.

Judt, Karl: Ein Wort zum Problem Karl May. In: Jugend und Literatur. Monatshefte für Jugendschrifttum 7 (1961). H. 2. S. 94–96.

Jürgens, Martin: Der Staat als Kunstwerk. Bemerkungen zur ‚Ästhetisierung der Politik'. In: Kursbuch 20 (März 1970). S. 119–139.

Kästner, Erich: Das fliegende Klassenzimmer. Ein Roman für Kinder [1933]. Zürich 1976 (129. Aufl.).

---: Doktor Erich Kästners Lyrische Hausapotheke. Basel 1936.

---: Eine unbezahlte Rechnung [1946]. In: Kästner, Erich: Der tägliche Kram [1949]. Berlin o. J. S. 26-27.

---: Die kleine Freiheit. Chansons und Prosa. Berlin 1952.

---: Eine Auswahl. Berlin 1956.

---: Ostermarsch 1961. In: Erich Kästner: Werke. Hg. v. Franz Josef Görtz. Bd. VI. Splitter und Balken. Publizistik. Hg. v. Hans Sarcowicz u. Franz Josef Görtz in Zusammenarbeit mit Anja Johann. S. 662–667.

---: Brief an Ulrike Meinhof vom 7.4.1961. In: Kästner, Erich: Dieses Na ja!, wenn man das nicht hätte! Ausgewählte Briefe von 1909–1972. Hg. v. Sven Hanuschek. Zürich 2003. S. 401.

---: Montagsgedichte. Zusammengestellt und kommentiert von Alexander Fiebig. Berlin, Weimar 1989.

Kaiser, Rolf-Ulrich: Underground? Pop? Nein! Gegenkultur. Köln, Berlin 1969.

--- (Hg.): Protestfibel. Formen einer neuen Kultur. Bern, München, Wien 1968.

Kanning, Julian: Zeitgeschichtliche Kinder- und Jugendliteratur. In: Kinder- und Jugendmedien.de. Erstveröffentlichung: 09.01.2018 (zuletzt aktualisiert am 10.10.2021). https://www.kinderundjugendmedien.de/index.php/begriffe-und-termini/2270-zeitgeschichtliche-kinder-und-jugend literatur.

Kant, Immanuel: Der Streit der Fakultäten in drey Abschnitten. Königsberg 1798.

Keil, Wilhelm: Ein Gebot der Geschichte. Festigung des demokratischen und sozialen Staates. In: Arnold, Franz u. a. (Hg.): Bildungsfragen unserer Zeit (FS Th. Bäuerle). Stuttgart 1956. S. 189–207.

Kempowski, Walter: Haben Sie Hitler gesehen. Deutsche Antworten. Gesammelt von Walter Kempowski. Nachwort von Sebastian Haffner. München 1973.

---: Haben Sie davon gewußt? Deutsche Antworten. Nachwort von Eugen Kogon. Hamburg 1979.

---: Culpa. Notizen zum ‚Echolot'. München 2005.

Kittel, Manfred: Die Legende von der ‚Zweiten Schuld'. Vergangenheitsbewältigung in der Ära Adenauer. Berlin, Frankfurt/M. 1993.

Klitsch, Hans-Jürgen: Shakin' All Over. Die Beatmusik in der Bundesrepublik Deutschland 1963-1967. Erkrath 2001 (2., überarb. Aufl.).

Knigge, Andreas C.: Allmächtiger! Hansrudi Wäscher. Pionier der deutschen Comics. Hamburg 2011.

Köhler, Otto: Das Geheimnis der letzten Kriegsstunde – Hitlers Wunderwaffe: Joachim Fernau. In: Köhler, Otto: Unheimliche Publizisten. München 1995. S. 102–119.

Koeppen, Wolfgang: Wahn. In: Weyrauch, Wolfgang: Ich lebe in der Bundesrepublik. Fünfzehn Deutsche über Deutschland. München o. J. [1960]. S. 32–36.

Kogon, Eugen: Der SS-Staat. Das System der deutschen Konzentrationslager [1946]. Zit.: München 1979.

Kraus, Karl: In dieser großen Zeit. In: Die Fackel 16 (1914). H. 404. S. 1–19.

Kraushaar, Wolfgang: Die Protest-Chronik. 1949–1959. Eine illustrierte Geschichte von Bewegung, Widerstand und Utopie. Hamburg 1996.

Kröher, Oskar: Auf irren Pfaden durch die Hungerzeiten. Merzig 2011.

Kuby, Erich: Rosemarie. Des deutschen Wunders liebstes Kind. o. O. 1961, überarb. Ausg.

Kühn, Dieter: Luftkrieg als Abenteuer: Kampfschrift. München 1975.

Kuenheim, Haug von; Sommer, Theo (Hg.): Ein wenig betrübt, Ihre Marion. Marion Gräfin Dönhoff und Gerd Bucerius. Ein Briefwechsel aus fünf Jahrzehnten. Berlin 2003.

Ladenthin, Volker: „Als die Liebe laufen lernte". Über die ‚Aufklärung' in den Endsechzigern und heute. In: neue praxis 19 (1989). H. 4. S. 336–339.

---: Die Vermessenheit des Messens. Gustav Siewerths Kritik funktionalistischer Bildungstheorien. In: Schulz, Michael (Hg.) Menschenbild und Humanisierende Bildung. Zur philosophischen Pädagogik Gustav Siewerths. Konstanz 2016. S. 129-160.

---: Der Schlager und die 68er. Zur Kontinuität einiger Deutungsmuster aus den 1950er Jahren. In: Mattern, Nicole; Neuhaus, Stefan (Hg.): Handbuch „Literatur und Kultur der Wirtschaftswunderzeit" (im Druck).
Lagercrantz, Olof: China-Report. Bericht einer Reise. Frankfurt/M. 1971.
Lamprecht, Helmut: teenager und manager. Bremen 1960.
Langhans, Rainer: Ich bin's. Die ersten 68 Jahre. München 2008.
---; Teufel, Fritz: Klau mich! Frankfurt/M., Berlin 1968.
Lattmann, Dieter: Stationen einer literarischen Republik. In: Lattmann, Dieter (Hg.): Die Literatur der Bundesrepublik Deutschland. Zürich, München 1973 (2., durchges. Aufl.). S. 10–140.
Leest, Janneke van der: Romanticism in the Park. Mick Jagger Reading Shelley. In: Rock and Romanticism. Blake, Wordsworth, and Rock from Dylan to U2. Hg. v. James Rovira. Lanham, Boulder, New York, London 2018. S. 19–34.
Lehndorff, Hans Graf von: Ostpreußisches Tagebuch – Aufzeichnungen eines Arztes aus den Jahren 1945–1947. München o. J. [1955].
Lindner, Werner: Jugendprotest seit den fünfziger Jahren: Dissens und kultureller Eigensinn. Opladen 1996.
Loofs, Maria: Zur Methodik des helfenden Gesprächs. In: Böhle, Cäcilia (Hg.): Sozialer Dienst als menschliche Begegnung. Vier Vorträge. Freiburg i. Br. 1962. S. 50–75.
Loriot: Mein Freund Manfred. In: Das große Manfred Schmidt Buch. Mit Frau Meier durch die Welt. Mit einem Vorwort von Loriot. Oldenburg 1975 (2. Aufl.). S. 5–6.
Das Mädchen aus der Volkskommune. Chinesische Comics. Mit einer Einleitung von Gino Nebiolo und Kommentaren von Jean Chesneaux und Umberto Eco. Deutsch von Arno Widmann. Reinbek bei Hamburg 1972.
Mager, Friedrich: Was wollen die Studenten? Frankfurt/M. 1967.
Mann, Golo: Deutsche Geschichte 1919–1945. Frankfurt/M. 1961.
---: Zur Literatur über Deutschland [1957]. In: Mann, Golo: Geschichte und Geschichten [1961]. Frankfurt/M. 1972. S. 283–291.
---: Über Antisemitismus [1960]. In: Mann, Golo: Geschichte und Geschichten [1961]. Frankfurt/M. 1972. S. 169–201.
Marquardt, Friedrich-Wilhelm: Was wollen die Studenten? Berlin 1967.
Martin, George; Pearson, William: Summer of Love. Wie Sgt. Pepper entstand. Berlin 1997.
Martin, Hansjörg: Gefährliche Neugier. Kriminalroman. Reinbek bei Hamburg 1965.
Marx, Karl; Engels, Friedrich: Die deutsche Ideologie [1845/1846]. In: Marx, Karl; Engels, Friedrich: Werke. Bd. III. Berlin 1969. S. 5–530.
Mau, Hermann; Krausnick, Helmut: Deutsche Geschichte der jüngsten Vergangenheit 1933–1945. Mit einem Nachwort von Peter Rassow. Son-

derausg. des Bundesministeriums für Verteidigung in der Schriftreihe ‚Innere Führung'. o. O. o. J. [Original: Stuttgart 1953].

Mecki: Gesammelte Abenteuer. Jahrgang 1958. Hörzu-Bildergeschichten aus dem Jahr 1958. Mit Bildern von Reinhold Escher und Prof. Wilhelm Petersen. Esslingen 2009.

Meinhof, Ulrike: Brief an Erich Kästner. In: Kästner, Erich: Dieses Na ja!, wenn man das nicht hätte! Ausgewählte Briefe von 1909–1972. Hg. v. Sven Hanuschek. Zürich 2003. S. 397.

---: Adenauer und die Volksmeinung. In: Konkret (1963). Nr. 11. Zit. nach: Meinhof, Ulrike: Die Würde des Menschen ist antastbar. Aufsätze und Polemiken. Berlin 1980. S. 33–37.

---: Warenhausbrandstiftung. In: Konkret (1968). Nr. 14. Zit. nach: Meinhof, Ulrike: Die Würde des Menschen ist antastbar. Aufsätze und Polemiken. Berlin 1980. S. 153–156.

Metken, Günter: Comics. Frankfurt/M. 1970.

Mezger, Werner: Schlager. Tübingen 1975.

Michel, Karl Markus: Ein Kranz für die Literatur. Fünf Variationen über eine These. In: Kursbuch 15 (November 1968). S. 169–186.

Miermeister, Jürgen: Rudi Dutschke. Reinbek bei Hamburg 1986.

Morsey, Rudolf: Die Bundesrepublik Deutschland: Entstehung und Entwicklung bis 1969. München 2007.

Münster, Ruth: geld in nietenhosen. jugendliche als verbraucher. Stuttgart 1961.

Negt, Oskar: Achtundsechzig. Politische Intellektuelle und die Macht. Göttingen 1995.

N.N.: Aus allen Rohren. In: Der Spiegel 12 (1959). H. 43 (20.10.1959). Zit.: https://www.spiegel.de/politik/aus-allen-rohren-a-182f7c82-0002-0001-0 000-000042622991.

N.N.: Bekanntes. In: Der Spiegel 21 (1968). H. 32. Zit.: https://www.spiegel. de/politik/bekanntes-a-59f21335-0002-0001-0000-000046477723.

N.N.: Bücher-Spiegel: Neu erschienen. In: Der Spiegel 16 (1963). H. 4. S. 73.

N.N.: Deutsche Literatur. In: Brockhaus Enzyklopädie in zwanzig Bänden. Vierter Band CHOD-DOL. Wiesbaden 1968 (17., völlig neu bearb. Aufl.). S. 521–544.

N.N.: Im Stil der Zeit. In: Der Spiegel 30 (1965). 20.07.1965. (Zit. nach: https://www.spiegel.de/politik/im-stil-der-zeit-a-8d45d3a6-0002-0001-00 00-000046273386?context=issue).

N.N.: Kwai-Marsch: Pfiffe auf dem Golfplatz. In: Der Spiegel 11 (1958). H. 18 (29.04.1958). Zit.: https://www.spiegel.de/kultur/pfiffe-auf-dem-golfplatz-a-04e5b52f-0002-0001-0000-000032216302.

N.N.: Schöne Pistole/Wolf Biermann: ‚Mit Marx- und Engelszungen'. Wagenbach: 84 Seiten; 5,80 Mark. In: Der Spiegel (1968). H. 45 (04.11. 1968). S. 210–211.

N.N.: Wer ist der SDS? In: Welt am Sonntag. 17. Juni 1967. S. 4.

N.N.: Wer soll das bezahlen? In: Der Spiegel 4 (1950). H. 1 (04.01.1950). Zit.: https://www.spiegel.de/politik/wer-soll-das-bezahlen-a-feae7c2f-0002-0001-0000-000056033786.

Obermaier, Uschi [mit Kraemer, Olaf]: High Times. Mein wildes Leben. München 2007 (2. Aufl.).

Pawlischek-Brokmeier, Margaretha: ‚Im Namen des gesunden Menschenverstands'. In: ‚Die Zeit fährt Auto'. Erich Kästner zum 100. Geburtstag. Hg. v. Manfred Wegner. Berlin, München 1999. S. 193–196.

Petersen, Hans Dieter: ...und mit uns fliegt der Tod. München o. J. [1958] (Fliegergeschichten. Bd. 135).

Petzelt, Alfred: Grundzüge systematischer Pädagogik [1947/1955]. Freiburg i. Br. 1964 (3. Aufl.).

Picard, Max: Hitler in uns selbst. Erlenbach 1946.

---: Die Welt des Schweigens [1948]. Frankfurt/M., Hamburg 1959.

Picht, Georg: Die deutsche Bildungskatastrophe. Analyse und Dokumentation. Olten, Freiburg i. Br. 1964.

Platthaus, Andreas: Derricks Vorgeschichte: Horst Tappert war bei der Waffen-SS. In: Frankfurter Allgemeine Zeitung. 26.04.2013 (zit.: https://www.faz.net/aktuell/feuilleton/medien/derricks-vorgeschichte-horst-tappert-war-bei-der-waffen-ss-12162290.html.

Posener, Alan: John Lennon. Reinbek bei Hamburg 1987.

Quinn, Freddy: Lieder, die das Leben schrieb [1960]. Frankfurt/M. 1963 (2. Aufl. mit neuen Bildern und Textergänzungen).

Ranke, Leopold von: Sämtliche Werke. Bd. 33/34: Geschichte der romanischen und germanischen Völker von 1494–1514. Leipzig 1885.

Rassow, Peter: Nachwort. In: Mau, Hermann; Krausnick, Helmut: Deutsche Geschichte der jüngsten Vergangenheit 1933–1945. Mit einem Nachwort von Peter Rassow. Sonderausg. des Bundesministeriums für Verteidigung in der Schriftreihe ‚Innere Führung'. o. O. o. J. [Original: Stuttgart 1953]. S. 201–203.

Reichling, Gerhard: Die deutschen Vertriebenen in Zahlen. 2 Bde. Bonn 1986/89.

Reinecker, Herbert: 11 Uhr 20. München 1970.

---: Zeitbericht unter Zuhilfenahme des eigenen Lebenslaufs. Erlangen, Bonn, Wien 1990.

Richter, Hans Werner: Fünfzehn Jahre. In: Almanach der Gruppe 47 / 1947–1962. Hg. v. Hans Werner Richter. Reinbek bei Hamburg 1962. S. 8–14.

Rickes, Joachim (Hg.): Bewundert viel und viel gescholten. Der Germanist Emil Staiger. Würzburg 2009.

Riebau, Hans; Reimann, Hans; Schmidt, Manfred: Lachendes Feldgrau. Bremen 1942.

Röger, Marein: Adorno-Diktum. In: Fischer, Torben; Lorenz, Matthias N. (Hg.): Lexikon der ‚Vergangenheitsbewältigung'. Bielefeld 2015 (3., überarb. u. erw. Aufl.). S. 41–42.
Das Rolling Stones Songbuch. 155 Songs. Deutsch von Teja Schwaner, Jörg Fauser und Carl Weissner. Mit 75 Alternativübersetzungen von Helmut Salzinger. Frankfurt/M. 1979.
Rossanda, Rossana: Das Problem der Demokratie und die Macht in der Übergangsgesellschaft. (Ital. Original 1971). In: Rossanda, Rossana: Über die Dialektik von Kontinuität und Bruch. Zur Kritik revolutionärer Erfahrungen – Italien, Frankreich, Sowjetunion. Polen, China, Chile. Ins Deutsche übersetzt von Burkhart Kroebner. Frankfurt/M. 1971. S. 48–68.
Rühmkorf, Peter: Die Jahre die Ihr kennt. Anfälle und Erinnerungen. Reinbek bei Hamburg 1972.
Sackmann, Eckart: Kombiniere... Manfred Schmidt – ein Humorist mit Hintergedanken. Hannover 1998.
---: Oh, Nick Knatterton. Limitierte Sonderausgabe zum 100. Geburtstag von Manfred Schmidt. Hildesheim 2013.
Salomon, Ernst von: Der Fragebogen. Hamburg 1951.
Sandmeyer, Peter: Die 68er. Aufstand der Jugend. In: Stern. 14.01.2008. Zit.: https://www.stern.de/politik/geschichte/die-68er-aufstand-der-jugend-32 27074.html.
Schäfer, Hans Dieter: Zur Periodisierung der deutschen Literatur seit 1930. In: Literaturmagazin 7: Nachkriegsliteratur. Hg. v. Nicolas Born und Jürgen Manthey. Reinbek bei Hamburg 1977. S. 95–115.
Scharf, Günther: Geschichte der Arbeitszeitverkürzung, Der Kampf der deutschen Gewerkschaften um die Verkürzung der täglichen und wöchentlichen Arbeitszeit. Köln 1987.
Schiller, Friedrich: Was heißt und zu welchem Ende studiert man Universalgeschichte? In: Der Teutsche Merkur 4 (1789). S. 105–135.
---: Ueber Anmuth und Würde. In: Neue Thalia. 1792–93 (1793). Dritter Band. S. 115–230.
Schmidt, Manfred: Manfred Schmidt's Bilderbuch für Überlebende. Mit einer Vorrede von Werner Finck. Stuttgart, Hamburg 1947.
---: Nick Knatterton. 100 Abenteuer des berühmten Meisterdetektivs, erzählt und gezeichnet von Manfred Schmidt. o. O. [Konstanz] 1952.
---: Vorwort als Nachrede. In: Das große Manfred Schmidt Buch. Mit Frau Meier durch die Welt. Mit einem Vorwort von Loriot. Oldenburg 1975 (2. Aufl.). S. 7–9.
Schmidt-Eller, Berta: Das Schlüsselkind. Wuppertal 1957.
Schmidt-Joos, Siegfried: Beat: Musik der Generation des ‚Involvement'. In: Kaiser, Rolf-Ulrich (Hg.): Protestfibel. Formen einer neuen Kultur. Bern, München, Wien 1968. S. 11–25.
---; Graves, Barry: Rock-Lexikon. Reinbek bei Hamburg 1973.

Schmitt, Carl: Theorie des Partisanen. Zwischenbemerkung zum Begriff des Politischen. Berlin 1963.

Schneider, Peter: Brief an die herrschende Klasse in Deutschland [1968]. In: Schneider, Peter: Ansprachen. Reden – Notizen – Gedichte. Berlin 1970. S. 39–42.

---: Die Phantasie im Spätkapitalismus und die Kulturrevolution. In: Kursbuch 16 (März 1969). S. 1–37.

---: Rebellion und Wahn. Mein '68. Köln 2008.

Scholz, Stephan: „Seltsamer Triumphzug". Zu den Ursachen des bundesdeutschen Erfolges des „Tagebuches der Anne Frank" in den 1950er Jahren. In: Geschichte in Wissenschaft und Unterricht 62 (2011). H. 1/2. S. 77–91.

Schulz, Günther: Globalität: Deutungsmodelle der Geschichte. In: Kühnhardt, Ludger; Mayer, Tilman: Bonner Enzyklopädie der Globalität. Bd. I. Wiesbaden 2017. S. 79–92.

Seeßlen, Georg; Kling, Bernt: [Art.:] Landserhefte. In: Seeßlen, Georg; Kling, Bernt: Unterhaltung. Lexikon zur populären Kultur. Bd. I. Reinbek bei Hamburg 1977. S. 271–273.

---: [Art.:] Nick Knatterton. In: Seeßlen, Georg; Kling, Bernt: Unterhaltung. Lexikon zur populären Kultur. Bd. II. Reinbek bei Hamburg 1977. S. 79.

Simmel, Johannes Mario: Affäre Nina B. [1958]. Zit.: Gütersloh o. J.

Sontheimer, Michael: Nachruf auf Bommi Baumann: Wie alles endete. In: taz. 20.07.2016. Zit.: https://taz.de/Nachruf-auf-Bommi-Baumann/!5320956.

Speck, Otto: Kinder erwerbstätiger Mütter. o. O. 1955.

Sternberger, Dolf; Storz, Gerhard; Süskind, W.E.: Aus dem Wörterbuch des Unmenschen. München 1962.

Stifter, Adalbert: Bergmilch [1843/1853]. In: Stifter, Adalbert: Bunte Steine. Bd. II. Pesth 1853. S. 211–264.

Szondi, Peter: Gutachten zur ‚Aufforderung zur Brandstiftung' Juli 1967/März 1968. In: Szondi, Peter: Über eine ‚Freie (d.h. freie) Universität'. Stellungnahmen eines Philologen. Aus dem Nachlaß hg. v. Jean Bollack […]. Frankfurt/M. 1973. S. 34–54.

---: Über eine ‚Freie (d.h. freie) Universität'. Stellungnahmen eines Philologen. Aus dem Nachlaß hg. v. Jean Bollack […]. Frankfurt/M. 1973.

Tappert, Horst: Derrick und Ich. Meine zwei Leben. München 1998.

Thorhauer, Anika: „Wir sind den Umständen nicht dankbar, die uns zu diesem Film herausforderten." Zur zeitkritischen Kommentarfunktion der Musik in *Das Mädchen Rosemarie*. In: Kieler Beiträge zur Filmmusikforschung 11 (2014). S. 321–332.

Tieck, Ludwig: Der Hexensabbat [1821]. Novelle. Mit einem Anhang: Aus den Memoiren des Jacques du Clercq. Hg. v. Walter Münz. Stuttgart 1988.

Travis, Dempsey Jerome: The Louis Armstrong Odyssey. From Jane Alley to America's Jazz Ambassador. Chicago 1997.

Tremper, Will: Die Halbstarken. Ein packender Zeitroman [Hannover 1956, Der bunte TOXI Film-Roman]. Zit.: Kassel 2020. (Filme zum Lesen. Hg. v. Andre Kagelmann u. Reinhold Keiner. Bd. I).

van der Heide, Elisabeth: Opfer, Helden, Täter. Eine Analyse zur Entwicklung der Darstellung des Dritten Reiches in der westdeutschen Kinder- und Jugendliteratur der ‚langen fünfziger Jahre' 2014. https://docplayer.org/44222835-Opfer-helden-taeter.html.

van der Knaap, Ewout (Hg.): Nacht und Nebel. Gedächtnis des Holocaust und internationale Wirkungsgeschichte. Göttingen 2008.

von der Lühe, Irmela; Krohn, Claus-Dieter (Hg.): Fremdes Heimatland: Remigration und literarisches Leben nach 1945. Göttingen 2005.

Wader, Hannes: Trotz alledem. Mein Leben. München 2019 (2. Aufl.).

Weigt, Peter: Revolutionslexikon. Taschenbuch der außerparlamentarischen Aktion. Frankfurt/M. 1968.

Widmer, Urs: 1945 oder die „Neue Sprache". Studien zur Prosa der „Jungen Generation". Düsseldorf 1966 (= Diss. Basel 1965).

Wolgast, Eike: Vergangenheitsbewältigung in der unmittelbaren Nachkriegszeit. In: Ruperto Carola – Forschungsmagazin der Universität Heidelberg 3 (1997). S. 30-39.

Kleine Reihe: Literatur – Kultur – Sprache

Herausgegeben von Lothar Bluhm

11 Michael Schmitz (Hg.):
 TaBu BERLIN. Tagebücher erzählen Geschichte.
 ISBN 978-3-86821-859-6, 172 S., kt., € 24,50

10 Thomas Söder:
 **Sonderbare Gefährten in Patrick Süskinds „Der Kontrabaß", „Die Taube",
 „Die Geschichte von Herrn Sommer"**
 ISBN 978-3-86821-764-3, 132 S., kt., € 21,50

9 Michael Schmitz (Hg.):
 Literatur und Politik – Zwischen Engagement und „Neuer Subjektivität"
 ISBN 978-3-86821-729-2, 156 S., kt., € 22,50

8 Natalie Bloch, Dieter Heimböckel (Hg.):
 Elfriede Jelinek – Begegnungen im Grenzgebiet
 ISBN 978-3-86821-536-6, 138 S., kt., € 19,50

7 Thomas Söder:
 Patrick Süskind: ‚Der Kontrabaß' – Form und Analyse
 ISBN 978-3-86821-507-6, 88 S., kt., € 16,50

6 Lothar Bluhm, Achim Hölter (Hg.):
 **Produktive Rezeption – Beiträge zur Literatur und Kunst im
 19., 20. und 21. Jahrhundert**
 ISBN 978-3-86821-278-5, 120 S., kt., € 17,50

5 Andreas Blödorn, Christine Hummel (Hg.):
 **Psychogramme der Postmoderne –
 Neue Untersuchungen zum Werk Patrick Süskinds**
 ISBN 978-3-86821-005-7, 128 S., kt., € 17,50

4 Tamara Jerenashvili:
 Mörderin aus Leidenschaft: Medea-Figuren bei Euripides und Grillparzer
 ISBN 978-3-88476-941-6, 120 S., kt., € 16,00

3 Christoph Gerhardt:
 **Grobianische Diätetik – Zu den sieben größten Freuden
 in Rede, Lied und Priamel sowie zu dem Fastnachtspiel ‚Das Ungetüm'**
 ISBN 978-3-88476-925-6, 100 S., kt., € 14,00

2 Jan Alexander Hirn:
 Goethe-Rezeption im Frühwerk Thomas Manns
 ISBN 978-3-88476-794-1, 124 S., kt., € 15,00

1 Liisa Saariluoma:
 ***Wilhelm Meisters Lehrjahre* und die Entstehung des modernen Zeitbewußtseins**
 ISBN 978-3-88476-711-9, 72 S., kt., € 12,50

**Wissenschaftlicher Verlag Trier · Bergstr. 27 · 54295 Trier
Tel.: 0651/41503 · Fax: 41504 · www.wvttrier.de · wvt@wvttrier.de ·
www.facebook.com/wvttrier**